JN418169

아시아 생산네트워크의 진화

서울대학교 아시아연구소총서 기초연구시리즈 18

아시아 생산네트워크의 진화

비교우위와 노동의 분배 몫

초판 1쇄 발행 2020년 4월 15일
초판 2쇄 발행 2021년 10월 10일

지은이 박순찬

펴낸곳 서울대학교출판문화원
주소 08826 서울 관악구 관악로 1
도서주문 02-889-4424, 02-880-7995
홈페이지 www.snupress.com
페이스북 @snupress1947
인스타그램 @snupress
출판등록 제15-3호

ISBN 978-89-521-2908-6 94320
978-89-521-1475-4 (세트)

이 연구는 2017년도 서울대학교 아시아연구소 저술지원사업의 지원을 받아 수행되었음.

서울대학교 아시아연구소총서
기초연구시리즈 18

아시아 생산네트워크의 진화

비교우위와 노동의 분배 몫

박순찬 지음

서울대학교출판문화원

Evolution of Production Networks in Asia

Comparative Advantage and Labor Share

Soonchan Park

Seoul National University Press

머리말

세계화의 진행과 정보통신기술의 발전으로 무역비용이 감소하면서 생산 과정이 분화되어 전 세계로 분산되는 글로벌 생산네트워크가 형성되고, 이에 따라 국가 간 상호의존도가 높아지고 있다. 특히 아시아 지역이 세계 공장으로 부상하면서 글로벌 생산네트워크에서 아시아 국가의 역할에 대한 관심이 높아지고 있다. 이 책의 목적은 아시아 지역의 생산네트워크가 어떻게 변화되었는지 파악하고, 이에 따른 경제적 파급효과를 분석하는 데 있다. 글로벌 생산네트워크의 형성으로 인해 재화와 서비스의 생산과 배분방법, 그리고 생산의 조직방법이 변하기 때문에 그 파급효과 또한 매우 광범위한데, 이 책은 다음의 주제에 초점을 둔다.

첫째, 글로벌 생산네트워크와 비교우위

둘째, 글로벌 생산네트워크와 노동 분배 몫

셋째, 글로벌 생산네트워크와 지역무역협정의 무역창출효과

먼저 글로벌 생산네트워크가 형성된 오늘날에도 비교우위가 여전히 국가 간 무역패턴의 근원적인 결정요인인지를, 그리고 글로벌 가치사슬 참여가 비교우위에 미치는 영향을 분석한다. 중간재가 여러 국경을 넘나드는, 글로벌 가치사슬이 심화된 국제환경에서 총수출은 외국에서 창출된 부가가치를 포함하고 이중계산의 문제를 갖고 있기 때문

에 해당 국가와 산업의 수출 성과를 적절히 나타내지 못함에도 불구하고 비교우위의 타당성을 검증하는 선행 연구는 수출 성과를 총수출로 측정하고 있다. 이와는 달리 이 책에서는 글로벌 생산네워크의 형성에 따른 본질적인 변화를 포착하기 위해 수출 성과를 국내부가가치 수출로 측정한다. 아울러 일본의 한국에 대한 수출 규제를 둘러싸고 한국과 일본이 무역 갈등을 겪고 있는 시점에서 글로벌 생산네트워크의 참여가 국민경제에 미치는 파급효과에 대한 시사점을 도출하기 위해 글로벌 가치사슬 전후방참여가 비교우위에 미치는 영향을 분석한다. 분석 결과, 비교우위는 글로벌 생산네트워크 환경에서의 무역패턴을 결정하는 요인임을 확인하였다. 글로벌 가치사슬 참여는 부가가치 수출을 증진시키는데, 전방 참여와 후방참여의 영향은 상이하게 나타났다.

전 세계적으로 노동 분배 몫이 감소하는 현상에 대한 선행 연구는 그 주요 원인으로 노동절약적 기술발전, 노동 협상력의 저하 및 세계화를 들고 있다. 이 책에서는 글로벌 가치사슬에의 참여가 노동의 분배 몫에 미치는 영향을 분석한다. 특히 노동을 고숙련 노동, 중간숙련 노동 및 저숙련 노동으로 세분하고 전 세계를 대상으로 분석한 결과, 글로벌 가치사슬의 심화는 모든 형태의 노동 분배 몫에 부정적인 영향을 미치는 것으로 분석되었다. 아시아 국가만을 분석한 경우에도 글로벌 가치사슬에의 참여가 노동 분배 몫을 상대적으로 더 크게 감소시킨 것으로 분석되었다. 또한 노동의 숙련도에 따라 구분하여 분석한 결과, 아시아 국가의 경우 글로벌 가치사슬에의 참여가 고숙련 노동과 저숙련 노동의 분배 몫을 감소시킨 반면에 중간숙련 노동의 분배 몫에는 유의한 영향을 미쳤다는 증거를 발견할 수 없었다. 이는 아시아 국가에서의 노동 분배 몫 변화가 전 세계와 구별되는 차이점이며, 그 이유를 밝히는 것은 향후 중요한 과제로 남아 있다.

마지막으로 이 책에서는 90년대 들어 전 세계적으로 확산된 지역무역협정이 부가가치 수출에 미치는 영향을 분석하였다. 지역무역협정의 무역창출효과에 대한 지금까지의 연구는 국가 총무역의 무역창출효과에 초점을 두고 있다. 그러나 글로벌 가치사슬이 심화됨에 따라 총무역과 국내부가가치 수출의 격차가 확대되고 있다는 점을 고려하여 이 책에서는 국내부가가치 수출로 지역무역협정의 무역창출효과를 분석하였는데, 지역무역협정은 회원국 간 부가가치 수출을 증진하는 데 기여하는 것으로 분석되었다.

이러한 분석을 바탕으로 정책적 시사점을 모색하였다. 글로벌 가치사슬의 등장으로 생산은 전 세계에 걸쳐 이루어지고 있음에도 불구하고 경제 정책은 이러한 환경의 변화를 반영하지 못하고 있다. 대표적인 예로 총수출 규모의 증진을 지향하는 한국의 수출지향정책을 들 수 있다. 전 생산 과정이 국내에서 이루어질 때 유효했던 수출장려정책은 글로벌 생산네트워크가 형성된 오늘날에는 더 이상 산업 발전 전략으로 적합하지 않다. 과거에는 어떤 산업의 전체 생산 과정의 발전을 통해 해당 산업의 발전이 가능했으나, 생산네트워크가 형성된 오늘날에는 단순 수출장려정책이 아니라 더 높은 부가가치를 창출할 수 있는 특정 생산 과정에의 전문화와 가치사슬의 업그레이드가 보다 의미 있는 전략으로 평가된다.

또한 글로벌 가치사슬에의 참여는 국내 부가가치를 감소시키는 생산대체효과가 발생함과 동시에 특화와 전문화를 촉진하여 국내 부가가치를 증가시키는 요인으로 작용한다. 그러므로 글로벌 가치사슬 참여가 국내 부가가치에 미치는 최종 효과는 이러한 두 개의 상반된 작용 중에서 어떤 요인이 더 지배적인가에 달려 있다. 이 책에서의 실증분석 결과를 보면, 후방참여는 부가가치 수출에 부정적인 영향을 미치고 전방참여는 긍정적인 영향을 미치는 것으로 분석되었다. 이는 비교우위를 강화하기 위해서는 글로벌 가치사슬에 후방참여보다는 전방참여를 위한 정책 방안이 필요하다는 것을 시사한다. 이러한 분석 결과는 최근 일본이 한국에 내린 수출제한조치에 대한 우리의 대응 방안에 중요한 시사점을 제공하는데, 한국의 산업구조 고도화를 위해서는 국내 부품 소재 산업의 육성을 통해 대일 의존도를 줄임으로써 후방참여를 줄여야 한다는 정책의 정당성을 뒷받침한다.

아울러 글로벌 가치사슬 참여에는 추가적인 비용이 발생한다는 점에 주목할 필요가 있다. 재화와 서비스가 국경을 넘나드는 데 따라 원거리에 있는 복잡한 생산 과정의 조정비용이 발생한다. 글로벌 가치사슬 참여에 따르는 조정비용이 높거나 속박의 문제가 존재할 경우 글로벌 가치사슬 참여를 통한 효율성 향상이라는 목적은 달성되기 어렵다. 글로벌 가치사슬의 형성이 국가 간 분업구조를 형성함으로써 자원배분의 효율성에 기여하기 위해서는 생산 과정의 원활한 조정이 전제되어야 한다. 일본이 정치적 요인에 따라 한국을 백색국가 명단에서 제외한 것은 거래 당사자 간의 거래에 불확실성을 높임으로써 장기적으로 일본과의 가치사슬 형성을 꺼리게 하는 요인이 된다. 즉 일본이 취한 조치는 불확실성을 증폭시키고, 글로벌 가치사슬 참여에 따르는 조정비용을 과도하게 높이는 결과를 초래하기 때문에 한국 산업으로서는 향후 일본으로부터의 부품 및 소재 조달을 가능한 회피할 수밖에 없을 것이고, 이에 따라 한국 산업의 글로벌 가치사슬 후방참여는 낮아질 것으로 예상된다.

이 책에서 수행한 아시아 생산네트워크의 진화와 더불어 생산네트워크가 비교우위, 노동 분배에 미치는 영향 및 지역무역협정과 부가가치 수출의 관계에 대한 연구는 여러모로 부족한 점이 많지만, 향후 풍부한 연구를 위한 작은 디딤돌이 될 수 있기를 기대한다.

마지막으로 이 연구는 서울대학교 아시아연구소의 저술지원사업으로 수행되었으며, 그 과정에서 많은 분들의 도움을 받았다. 아시아

연구소 소장이신 박수진 교수님을 비롯하여 이 연구를 위해 많은 도움을 주신 아시아연구소 관계자께 깊은 감사를 드린다. 또한 이 책의 출판을 맡아 주신 서울대학교출판문화원의 관계자, 연구조교로서 자료 수집에 도움을 준 송영숙 대학원생에게도 고마움을 표한다.

2019년 겨울

박순찬

차례

표차례

그림차례

제1장

서론

1. 연구의 필요성

글로벌 생산네트워크(global production networks) 또는 글로벌 가치사슬(global value chains)의 형성과 심화는 21세기 세계 경제의 가장 뚜렷한 특징으로 꼽을 수 있다. 특히 중국의 부상과 더불어 세계의 제조 공장으로서 아시아 지역의 역할이 증대함에 따라 아시아 생산네트워크에 대한 다수의 연구가 이루어졌다. Athukorala(2005)는 동아시아를 중심으로 생산 과정의 수직적 통합으로 부품과 중간재의 생산이 여러 국가에 어떻게 분포되어 있는지를 분석하고 있다. Athukorala(2011)는 동아시아 경제통합의 시사점을 도출하기 위해 글로벌 생산네트워크를 분석하였는데, 동아시아 국가의 상호의존성이 세계 다른 지역에 비해 더 높다는 것을 발견하였다. Obashi and Kimura(2017)는 기계 산업을 대상으로 아시아 생산네트워크의 심화와 확장을 분석하고 있다. 위에서 언급한 연구와 더불어 생산네트워크에 대한 대부분의 선행 연구는 수출 성과를 여전히 총수출(gross exports)로 측정하고 있다. 그러나 글로벌 생산네트워크가 형성되면서 재화와 서비스 생산은 이제 더 이상 일국에서 이루어지지 않고 여러 단계로 분리되어 여러 국가에서 이루어지고 있다. 이에 따라 일국의 총수출은 해당 국가에서 창출된 부가가치

(value added)만으로 구성되어 있는 것이 아니라 수입된 중간재 또는 부품을 포함하고 있어서, 총수출은 외국에서 창출된 부가가치를 포함하게 된다. 그러므로 총수출은 이중계산(double-counting)의 문제를 갖고 있을 뿐만 아니라 실제로 해당 국가에서 창출된 부가가치의 흐름을 포착하지 못한다는 한계가 있다.

총수출이 아닌 부가가치 수출(value added in exports)로 아시아 국가의 생산네트워크를 분석한 연구도 존재한다. Wang *et al.*(2009)은 Hummels *et al.*(2001)이 제시한 수직적 특화(vertical specialization)의 개념에 따라 아시아 지역의 생산네트워크를 분석하고 있으나 1990-2000년 기간에 그침으로써 글로벌 생산네트워크가 심화된 21세기의 모습을 분석하지 않고 있다. 최낙균·박순찬(2015)은 중력모형에 기초하여 글로벌 가치사슬에서 부가가치 수출의 결정요인을 분석하면서 아시아 생산네트워크에 대한 정보를 제공하고 있으나, 아시아 개별 국가가 아닌 아시아 전체를 하나의 경제단위로 묶음으로써 아시아 생산네트워크의 구체적인 현황을 파악하는 데 한계가 있다. 정성훈(2014)은 우리나라의 산업별 부가가치 수출이 총수출에서 차지하는 비중을 구하고, 수출 증대 정책보다는 부가가치를 높이는 정책이 필요하다는 점을 강조하고 있다. 또한 정철 외(2013)도 아시아-태평양 국가의 생산네트워크를 분석하고 있으나, 총수출과 역내 FDI 흐름 등 전통적인 분석방법을 이용하고 있다. Hiratsuka(2011)는 아시아-태평양 지역의 생산네트워크가 실제로 어떻게 작동하는지 파악하기 위해 하드디스크 생산의 사례분석을 실시하고 있다. 이러한 사례분석은 생산네트워크의 작동을 구체적으로 파악할 수 있다는 장점이 있으나, 전체적인 흐름과 현황을 파악하는 데 한계가 있다.

생산네트워크 형성이 경제에 미치는 파급효과는 매우 다양하다. 글로벌 가치사슬의 형성은 무역패턴을 변화시킬 뿐만 아니라, 산업 발전과 경제성장, 기업의 경계와 성장 전략 나아가 노동 시장에도 매우 중요한 영향을 미칠 수 있다. 그러나 이러한 모든 파급효과를 분석하는 것은 이 책에서 다루고자 하는 범위를 넘어서기 때문에 기초적인 파급효과에 해당하는 것, 즉 생산네트워크가 무역패턴에 미치는 영향, 정책적인 측면에서 전 세계적으로 확산된 지역무역협정이 생산네트워크에 미치는 영향과 더불어 최근 관심을 끌고 있는 노동 분배 몫과 생산네트워크의 관계를 분석하는 것으로 연구의 범위를 한정한다.

이 책의 주된 목적을 요약하면 다음과 같다.

1) 아시아 생산네트워크의 현황과 변화 분석
2) 글로벌 생산네트워크가 심화된 환경에서 아시아 국가의 비교우위 유효성 검증
3) 글로벌 생산네트워크의 심화가 노동 분배 몫에 미치는 영향 분석
4) 지역무역협정이 부가가치 수출에 미치는 영향 분석

앞서 언급하였듯이 생산네트워크가 형성된 오늘날 총수출을 이용하는 선행 연구는 국가-산업의 수출 성과를 적절히 반영하지 못한다는 문제점을 극복하기 위해 국가별·산업별 총수출을 부가가치 수출로 세분하고, 이를 이용하여 아시아 지역의 생산네트워크를 분석함으로써 향후 아시아 생산네트워크의 발전 방향을 예측하는 데 기초자료를 제공하고자 한다.

아울러 최근 무역패턴을 설명하는 리카도 모형의 타당성을 검증하는 연구가 활기를 띠고 있다. 산업 차원에서 국가 간 생산성의 차이가 비교우위를 결정한다는 리카도 모형의 이론적 근거는 Eaton and Kortum(2002)에 의해 제시되었고, 최근 Costinot *et al.*(2012)은 이를 더욱 발전시켜 엄밀한 실증분석모형을 설정할 수 있는 이론적 틀을 제시

하고 있다. 이러한 이론적인 측면에서의 발전에도 불구하고 리카도 모형의 타당성을 검증하는 실증연구는 여전히 산업 차원에서의 총수출(gross exports at the industry level)을 종속변수로 설정하고 있다. 리카도 비교우위의 타당성을 검증하는 연구는 MacDougall(1951), Stern(1962), Balassa(1965)로 거슬러 올라간다. 이들 과거 연구는 산업 차원에서 국가 간 생산성의 차이와 이로 인한 비교우위의 결정에 대한 명확한 이론적 근거에 기초한 실증분석이 아니기 때문에 수출과 생산성의 단순한 관계를 밝히는 데 그치고 있다. 산업 차원에서 국가 간 생산성의 차이가 비교우위를 결정한다는 이론적 근거는 Eaton and Kortum(2002)에 의해 제시되었고, 그 이후 산업 차원에서 리카도 모형을 검증하는 실증분석이 본격화되었다. 이에 속하는 연구로는 Bombardini *et al.*(2012), Burstein and Vogel(2010), Kerr(2013), Levchenko and Zhang(2016), 그리고 Morrow(2010) 등을 들 수 있다.

Grossman and Rossi-Hansberg(2007)도 지적하듯이, 총수출은 주된 무역이 최종재로 이루어지던 과거에는 수출 성과(export performance)를 나타내는 통계로 적합하였으나, 많은 중간재가 여러 국경을 넘나드는 글로벌 가치사슬이 심화된 국제환경에서는 일국의 수출 성과를 적절히 나타내지 못한다. 그러므로 여러 외국의 부가가치를 포함하고 있는 총수출은 일국의 국내생산을 적절히 반영하기 어렵고, 리카도 모형에서 제시하는 비교우위의 타당성을 검증하는 데 적합하지 않다.

이러한 선행 연구의 문제점을 극복하기 위해 이 책에서는 총수출로 수출 성과를 측정하는 기존 연구와는 달리 부가가치 수출로 측정한다. 즉 이 책에서는 생산네트워크가 심화된 환경 속에서 리카도 모형에서 제시하는 비교우위가 무역 패턴을 결정하는 데 여전히 유효한지를 검증한다. 최근 한국에 대한 일본의 수출 규제를 둘러싸고 양국의 무역 갈등이 첨예화되고 있다. 일본이 부품 및 소재를 한국에 수출하는 형태인데, 일본은 한국에 대해 글로벌 가치사슬에 전방참여 그리고 한국은 일본에 대해 후방참여의 구조를 나타내고 있다. 이러한 글로벌 가치사슬 참여의 경제적 효과를 분석하기 위해 이 책에서는 글로벌 가치사슬 전후방참여가 비교우위에 미치는 영향을 분석한다.

또한 노동 분배 몫의 감소는 전 세계적인 현상으로 알려져 있는데, 주요 원인으로 노동절약적 기술발전, 노동 협상력의 저하 및 세계화가 꼽힌다. 이 책에서는 세계화의 주요 특징인 생산네트워크의 형성에 주목하고 글로벌 가치사슬에의 참여가 노동의 분배 몫에 어떤 영향을 미쳤는지 분석한다. 글로벌 생산네트워크가 심화됨에 따라 총수출 중 국내에서 창출된 부가가치 수출이 점차 감소하는 추세가 지속되고 있는데, 이러한 글로벌 가치사슬에의 참여가 어떤 결과를 초래하는지를 분석한다. 경제적 결과는 경제성장, 고용, 소득 및 임금 불평등 등 다양한 측면에서 분석할 수 있는데, 이 책은 노동 분배 몫에 초점을 둔다. 기본적이면서 가장 관심을 가질 수 있는 경제적 결과는 경제성장이지만, 세계투입산출표에서 확보 가능한 아시아 국가의 관측치가 소수에 불과하기 때문에 글로벌 생산네트워크의 심화 및 글로벌 가치사슬에의 참여가 경제성장에 미치는 영향을 편의(bias) 없이 추정하기는 어렵다. 이러한 연유로 이 책은 최근 관심이 고조되고 있는 노동 분배 몫의 변화에 주목하며, 특히 노동을 고숙련 노동(high skilled labor), 중간숙련 노동(medium skilled labor) 및 저숙련 노동(low skilled labor)으로 구분하고 글로벌 가치사슬에의 참여가 각각의 분배 몫에 미친 영향을 분석한다.

1990년대 이후 전 세계적으로 지역무역협정이 빠르게 확산되었다. 또한 지역 및 글로벌 생산네트워크의 형성은 21세기 국제무역환경의 가장 뚜렷한 변화이다. 이러한 중요한 변화에도 불구하고 지역무역협정과 생산네트워크 형성의 관계에 대한 연구는 많지 않다. 마지막으로 이 책은 지역무역협정의 무역창출효과를 분석함에 있어서 총무역이 아니라 부가가치 수출을 기준으로 분석함으로써 지역무역협정과 생산네트워크의 관계를 조명하고자 한다.

2. 연구 범위

이 책은 6개의 장으로 구성되어 있다. 앞에서 제시한 연구 목적에 따라 제2장에서는 총수출, 부가가치 수출, 중간재 수출 등 다양한 측면에서 아시아 생산네트워크를 분석한다. 총수출을 직접 및 간접 그리고 환류 부가가치로 세분함으로써 아시아 지역의 생산네트워크를 보다 정교하게 파악하고, 이를 통해 2000년 이후 아시아 생산네트워크의 변천을 살펴본다.

제3장에서는 각 국가가 생산성이 높은 산업에 비교우위(comparative advantage)를 갖고 그 산업의 재화를 수출한다고 예측하는 리카도 모형이 글로벌 가치사슬이 심화되고 있는 상황에서도 여전히 유효한지를 검증한다. 즉 앞서 언급하였듯이 총수출을 수출 성과로 측정하는 기존 연구와는 달리 부가가치 수출로 측정하고, 이러한 리카도 모형의 예측을 검토하기 위한 실증분석을 실시한다.

제4장에서는 글로벌 가치사슬의 심화가 노동 분배 몫에 미치는 영향을 분석한다. 생산요소의 분배 몫이 일정하다는 것이 거시경제학의 가정이었다. 그러나 노동 분배 몫의 감소는 전 세계적인 현상이다. 노동 분배 몫에 영향을 미치는 요인에 대한 선행 연구는 자본, 세계화 및 노동 협상력의 약화를 제시하고 있다. 세계화가 노동 분배 몫에 중요한 영향을 미쳤다는 선행 연구는 주로 수입 및 오프쇼어링의 증가를 지적하고 있으나, 글로벌 생산네트워크와 노동 분배 몫의 관계를 설명

할 수 있는 이론적 틀은 아직 제시되지 않고 있다. 이 책에서는 노동 분배 몫의 감소를 설명할 수 있는 이론적 배경을 살펴보고, 세계투입산출표(world input-output table)와 사회경제계정(socioeconomic account)을 이용하여 글로벌 가치사슬에의 참여가 노동 분배 몫에 미치는 영향을 분석한다.

제5장은 1990년대 이후 확산된 지역무역협정과 부가가치 수출의 관계를 분석한다. 대부분의 선행 연구는 총무역(aggregated gross trade)을 기준으로 지역무역협정의 무역창출효과를 분석하고 있다. 그러나 글로벌 가치사슬이 심화됨에 따라 국가 간 총무역은 여러 외국에서 생산된 중간재를 포함하고 있기 때문에 총무역의 증가가 곧 국내부가가치의 증가와 일치하지 않게 된다. 따라서 지역무역협정의 무역창출효과를 총액을 기준으로 측정할 경우 지역무역협정의 무역창출효과를 과대 추정할 가능성을 배제할 수 없다. 이러한 선행 연구의 공백을 메우기 위해 이 책에서는 이를 부가가치 수출을 기준으로 지역무역협정이 회원국 간 무역을 증가시키는 데 기여하였는지를 분석한다.

제6장은 제2-5장에서 분석한 주요 내용을 요약한다.

3. 분석 방법론과 데이터

제2장에서는 총수출, 부가가치 수출 및 중간재 수출 등 다양한 측면에서 아시아 국가의 생산네트워크를 분석하기 위해 총수출을 부가가치 수출로 분해한다. Koopman *et al.*(2014)은 총수출을 부가가치 요인으로 분해할 수 있는 방법론을 제시하고 있는데, 이 책에서는 이에 따라 총수출을 직접 국내부가가치, 간접 국내부가가치, 환류 국내부가가치 등 여러 다양한 부가가치 요인으로 분해한다. 이에 기초하여 1995-2011

년 기간에 아시아 국가의 총수출, 부가가치 수출 및 중간재 수출의 흐름이 어떻게 변화하였는지 분석한다. 아울러 아시아 지역 개별국의 각 산업 부가가치 수출의 변화와 더불어 아시아 지역 국가별·산업별 글로벌 생산네트워크의 현황을 파악하기 위해 섬유, 전기전자, 운송장비 등 주요 산업의 국가별 수출입 비중을 이용하여 국가별 상호 관계를 분석한다. 또한 글로벌 가치사슬 및 생산네트워크에의 참여 형태를 분석하기 위해 아시아 전체와 한중일 등 주요 국가의 글로벌 가치사슬 참여도를 파악한다. 글로벌 가치사슬에의 참여는 해당 국가의 수출에 포함된 외국의 부가가치(foreign value added embodied in exports)로 정의할 수 있는데, 글로벌 가치사슬에 참여하는 형태에 따라 후방참여도 지수(backward participation index)와 전방참여도 지수(forward participation index)로 구분할 수 있다. 제2장의 분석에 사용된 데이터의 출처는 OECD Tiva database이다.

제3장의 목적은 생산성이 높은 산업에 비교우위를 갖고 해당 재화를 수출한다는 리카도 모형의 타당성을 분석하는 데 있기 때문에 먼저 생산성을 측정한다. 이 장에서는 세계투입산출표와 사회경제계정을 이용하여 1995-2009년 기간 전 세계 40개국 14개 산업에 대한 노동생산성을 측정한다. 연구에 사용된 자료가 패널데이터이기 때문에 선행 연구에서 사용된 수입국-산업 고정효과와 수출국-수입국 고정효과를 사용하지 않고, 시간변동 수입국-산업 고정효과와 시간변동 수출국-수입국 고정효과를 사용한다. 수입국-산업과 수출국-수입국의 특징도 시간에 따라 변할 수 있기 때문이다. 이 연구의 종속변수는 수출국, 산업, 수입국, 연도라는 4차원의 지수를 가지고 있어서 여전히 추정에 편의가 발생할 가능성을 배제할 수 없다. 이 연구의 패널데이터를 보면, 일정 시점에서 수출국 산업의 생산성 수준은 모든 수입국에 동일하다. 즉 수입국에 동일하게 적용되는 공통의 충격(common shock)과 같은 효과를 지닌다. 이러한 데이터의 특징을 반영하여 이 장에서는 수출국-산업 고정효과를 포함한다.

아울러 비교우위를 측정하는 방법으로 현시비교우위지수(Revealed Comparative Advantage, RCA)와 무역특화지수를 이용하여 주요 국가의 산업별 비교우위를 측정한다.

제4장에서는 글로벌 생산네트워크의 심화가 노동 분배 몫에 미치는 영향을 분석한다. 선행 연구는 자본, 세계화 및 노동 협상력의 약화를 노동 분배 몫의 변화 요인으로 제시하고 있다. 이 장에서는 이에 대한 이론적 배경을 살펴보고, 글로벌 생산네트워크와 노동 분배 몫의 관계를 설명하는 데 도움이 되는 선행 연구에 근거하여 실증분석모형을 설정한다. 글로벌 가치사슬의 심화를 다양한 방법으로 측정할 수 있는데, 이 장에서는 글로벌 가치사슬 참여지수를 그 대용변수로 이용한다. 아울러 종속변수인 노동 분배 몫은 국가, 시간 및 산업이라는 3차원으로 구성되어 있으며, 관찰할 수 없는 각각의 특징을 통제하기 위해 국가-산업 고정효과, 산업-시간 고정효과 및 국가-시간 고정효과를 적용한다.

제5장에서는 지역무역협정이 부가가치로 측정한 무역을 창출하는 효과를 갖는지 분석한다. 대부분의 선행 연구는 총무역을 기준으로 무역창출효과를 분석하고 있다. 부가가치 수출도 무역의 흐름이기 때문에 이를 분석하는 데 널리 활용되고 있는 중력모형(augmented gravity model)을 이용한다. 양자 간의 관계뿐만 아니라 여타 국가와의 관계도 양국의 무역에 영향을 미치는 다자간 저항성(multilateral resistance)을 통제하기 위해 시간변동 수출국 고정효과와 시간변동 수입국 고정효과를 적용한다.

제2장

아시아 생산네트워크의 진화

이 장에서는 아시아 국가의 생산네트워크가 어떻게 진화하고 있는지 분석한다. 이를 위해 총수출(gross exports)을 다양한 부가가치 수출로 분해하고, 이를 바탕으로 1995-2011년 기간에 아시아 국가의 총수출, 부가가치 수출 및 중간재 수출의 흐름이 어떻게 변화하였는지 살펴본다. 나아가 이를 좀 더 세분하여 아시아 개별 국가와 각 산업의 부가가치 수출의 변화를 분석한다. 또한 아시아 지역 국가별·산업별 글로벌 생산네트워크의 현황을 파악하기 위해 섬유, 전기전자, 운송장비 등 주요 산업의 국가별 수출입 비중을 이용하여 국가별 상호 관계를 분석한다. 마지막으로 글로벌 가치사슬 및 생산네트워크에의 참여 형태를 분석하기 위해 아시아 전체와 한중일 등 주요 국가의 글로벌 가치사슬 참여도를 파악한다.

1. 총수출의 부가가치 수출로의 분해

Koopman *et al.*(2014)은 국제투입산출표를 이용하여 총수출을 직접 국내부가가치, 간접 국내부가가치, 환류 국내부가가치 등 여러 다양한 부가가치(value added) 요인으로 분해할 수 있는 기본 틀을 제공하고 있

〈표 2-1〉 총수출의 부가가치 수출로의 분해

총수출 (gross exports)	→ 총국내부가가치(total domestic value added, TDVX)	→ (1) 직접 국내부가가치(direct domestic value added, DVX)
		→ (2) 간접 국내부가가치(indirect domestic value added, IDX)
		→ (3) 환류 국내부가가치(domestic value added that returns home, RVX)
	→ 외국 부가가치(foreign value added, FV)	

자료: Koopman *et al.*(2014)을 참조하여 저자가 작성. 박순찬·박찬일(2017)에서 재인용.

는데, 이에 따르면 총수출은 〈표 2-1〉과 같이 분해될 수 있다.

총수출은 우선 국내에서 창출된 총국내부가가치와 외국의 부가가치로 구성되고, 총국내부가가치는 직접 국내부가치, 간접 국내부가가치와 환류 국내부가가치로 다시 세분된다. 직접 국내부가가치 수출은 해당 총수출에서 국내에서 직접 창출된 부가가치 부분을 가리키고, 간접 국내부가가치는 중간재로 수출된 부분이 제3국으로 재수출되는 것을 의미하며, 환류 국내부가가치는 중간재로 수출된 부분이 해외에서 일부 가공되어 국내 생산을 위해 투입물의 형태로 국내로 다시 되돌아온 부분을 가리킨다.

선행 연구에서는 국내부가가치의 범위를 어떻게 설정하느냐에 따라 각기 다른 용어로 정의하고 있다. Daudin *et al.*(2011)은 환류 국내부가가치를 수직특화지수(vertical specialization index)로 사용하고 있고, Johnson and Noguera(2012b)는 총수출 대비 국내부가가치의 비율을 계산할 때 직접 국내부가가치(1)와 간접 국내부가가치(2)의 합을 국내부가가치로 이용하고 있다. 또한 부가가치 수출에 대한 연구의 시발이 된 Hummels *et al.*(2001)은 국가 간 수직특화지수를 도출할 때 간접 국내부가가치(2)와 환류 국내부가가치(3)의 합을 이용하고 있다.

〈표 2-2〉 이 장 분석에 포함된 국가 및 산업 분류

국가	산업
한국, 체코, 중국, 포르투갈, 일본, 루마니아, 대만, 슬로바키아, 인도네시아, 독일, 인도, 덴마크, 홍콩, 스페인, 필리핀, 에스토니아, 말레이시아, 핀란드, 베트남, 프랑스, 태국, 영국, 싱가포르, 그리스, 미국, 헝가리, 캐나다, 아일랜드, 멕시코, 이탈리아, 브라질, 리투아니아, 호주, 룩셈부르크, 러시아, 라트비아, 오스트리아, 몰타, 벨기에, 네덜란드, 불가리아, 폴란드, 사이프러스, 슬로베니아, 스웨덴	농림수산업, 교육, 광업, 보건 및 사회복지 서비스, 음식료품, 협회·단체 및 기타 개인 서비스, 섬유, 목재와 그 제품, 펄프, 종이 제품, 석유 및 정유, 화학, 고무·플라스틱, 기타 비금속 광물, 금속, 기계, 전기전자, 운송장비, 기타 제조업, 전기·가스·수도, 건설, 도소매업, 숙박업, 운수 창고업, 통신서비스, 금융서비스, 부동산업

자료: OECD Tiva database(https://stats.oecd.org/index.aspx?queryid=75537. 검색일: 2017. 8. 25.)

선행 연구를 바탕으로 이 장에서는 부가가치 수출을 세 가지로 정의하고 이를 이용하여 부가가치 수출의 흐름 및 변화를 분석한다.

1) 직접 국내부가가치(DVX)

2) 직·간접 국내부가가치(VAX): DVX+IDX

3) 총국내부가가치(TDVX): DVX+IDX+RVX

이 장에서는 아시아 국가의 수출의 흐름 변화와 글로벌 생산네트워크의 형성과 가치사슬에의 참여를 분석하기 위해 OECD Tiva database를 이용하며, 분석에 포함된 국가와 산업 분류는 〈표 2-2〉에 제시되어 있다.

2. 아시아 국가의 수출 흐름

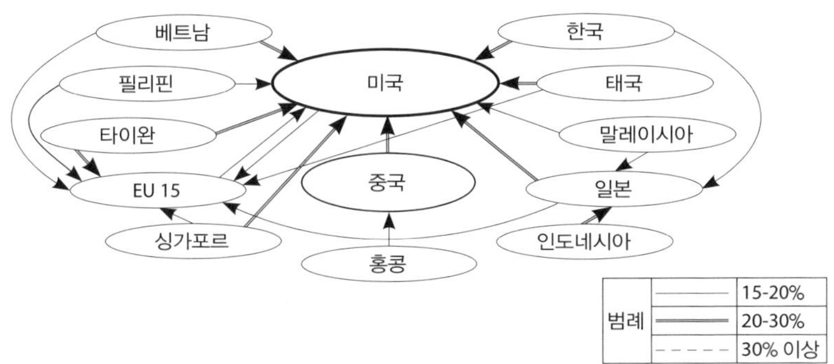

〈그림 2-1〉 1995년 아시아 국가 총수출의 흐름

자료: OECD Tiva database(검색일: 2017. 8. 25.)를 이용하여 저자가 작성

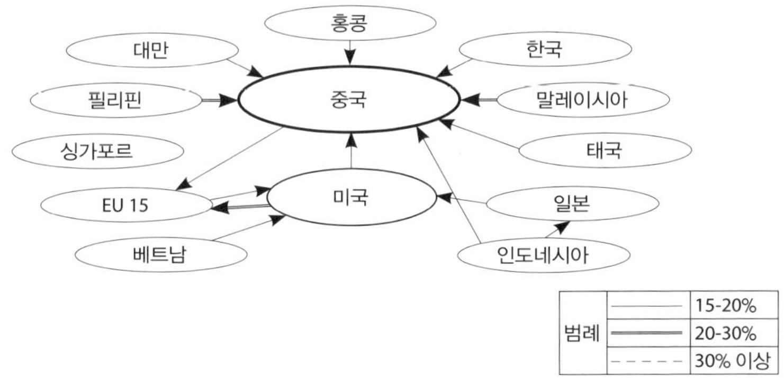

〈그림 2-2〉 2011년 아시아 국가 총수출의 흐름

자료: OECD Tiva database(검색일: 2017. 8. 25.)를 이용하여 저자가 작성

〈그림 2-1〉은 1995년 아시아 국가들의 총수출 흐름을 나타내고 있다.[1] 각 국가의 총수출에서 상대국가로의 수출 비중이 15% 이상인 경우를

1 이하 그림을 비롯하여 이 책에서 언급하는 EU 15개국은 다음과 같다: 벨기에, 네덜란드, 룩셈부르크, 독일, 이탈리아, 프랑스, 영국, 아일랜드, 덴마크, 포르투갈, 스페인, 그리스, 오스트리아, 핀란드, 스웨덴.

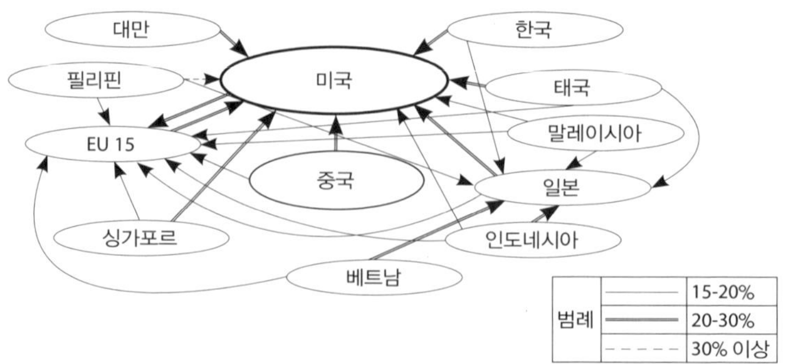

〈그림 2-3〉 1995년 아시아 국가 부가가치 수출의 흐름

자료: OECD Tiva database(검색일: 2017. 8. 25.)를 이용하여 저자가 작성

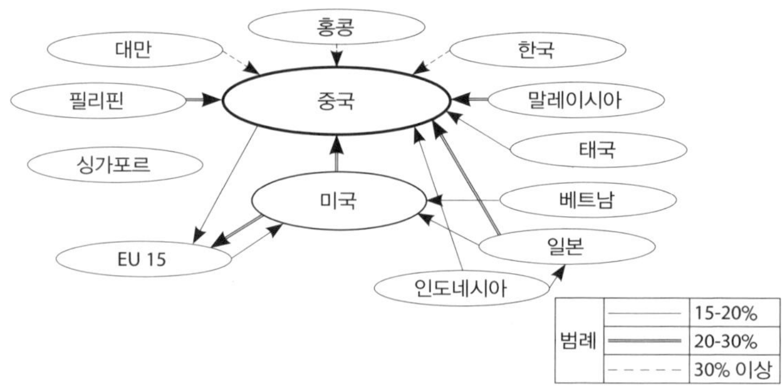

〈그림 2-4〉 2011년 아시아 국가 부가가치 수출의 흐름

자료: OECD Tiva database(검색일: 2017. 8. 25.)를 이용하여 저자가 작성

표시하고 있는데, 1995년 아시아 국가의 수출 대상 국가는 압도적으로 미국이었다. 〈그림 2-2〉는 2011년 아시아 국가의 총수출 흐름을 나타내고 있는데, 1995년 아시아 국가의 수출시장이 미국에서 중국으로 바뀌었다는 것을 쉽게 알 수 있다. 서비스의 수출이 전 세계적으로 급증하고 있지만 제조업 수출의 비중이 아직 절대적인 위치를 차지하고 있다는 점을 감안할 때 중국이 세계의 공장으로서 기능하고 있다고 볼 수 있다.

〈그림 2-3〉은 1995년 아시아 국가 부가가치 수출의 흐름을 나타

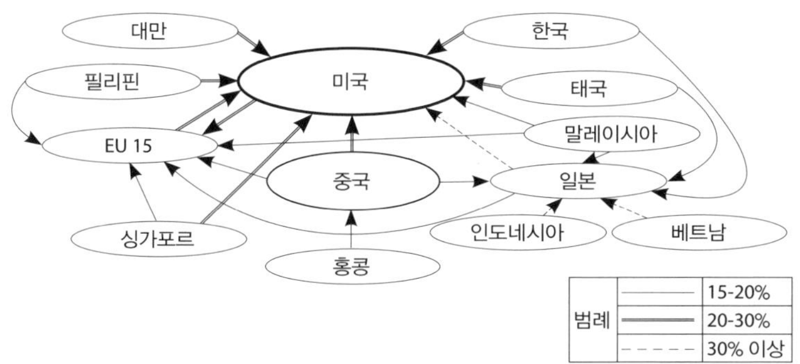

〈그림 2-5〉 1995년 아시아 국가 중간재 수출의 흐름

자료: OECD Tiva database(검색일: 2017. 8. 25.)를 이용하여 저자가 작성

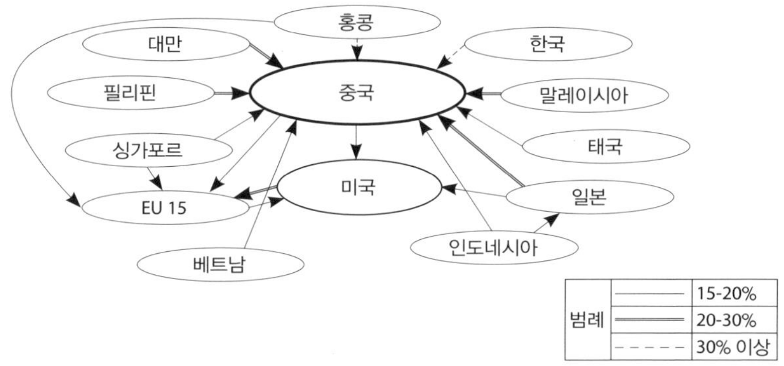

〈그림 2-6〉 2011년 아시아 국가 중간재 수출의 흐름

자료: OECD Tiva database(검색일: 2017. 8. 25.)를 이용하여 저자가 작성

내고 있는데, 총수출의 경우와 큰 차이가 없이 미국이 아시아 국가의 가장 큰 수출시장이었다.[2] 또한 〈그림 2-4〉에서 2011년 아시아 국가 부가가치 수출의 흐름도 〈그림 2-2〉에 제시된 2011년 총수출의 흐름과 거의 유사함을 알 수 있다. 대만과 더불어 한국의 대중국 부가가치 수출이 30%를 초과하여 수출시장에 있어 대만과 한국의 대중국 의존

2 여기서 부가가치는 직접 국내부가가치를 의미한다.

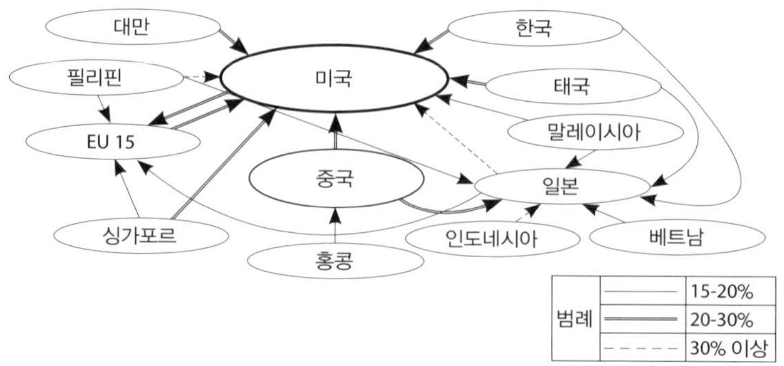

〈그림 2-7〉 1995년 부가가치로 측정한 아시아 국가 중간재 수출의 흐름

자료: OECD Tiva database(검색일: 2017. 8. 25.)를 이용하여 저자가 작성

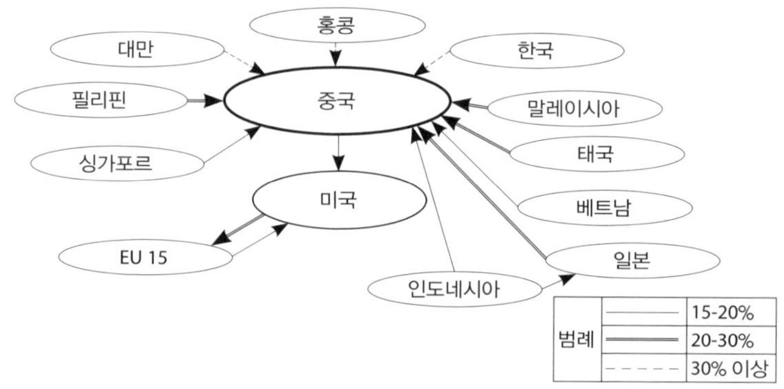

〈그림 2-8〉 2011년 부가가치로 측정한 아시아 국가 중간재 수출의 흐름

자료: OECD Tiva database(검색일: 2017. 8. 25.)를 이용하여 저자가 작성

도가 크게 높아졌다.

〈그림 2-5〉는 아시아 국가의 1995년 중간재 수출의 흐름을 나타내고 있다. 〈그림 2-1〉과 〈그림 2-2〉에 제시된 총수출과 거의 유사한 흐름을 보이고 있지만, 중요한 차이점으로 일본이 인도네시아, 베트남, 한국의 중간재 수출시장이라는 점과 일본의 미국으로의 중간재 수출 비중이 30%를 초과한다는 점을 들 수 있다.

〈그림 2-6〉은 2011년 아시아 국가의 중간재 수출 흐름을 나타내고 있는데, 총수출의 경우와 유사하게 미국 대신 중국이 아시아 국가

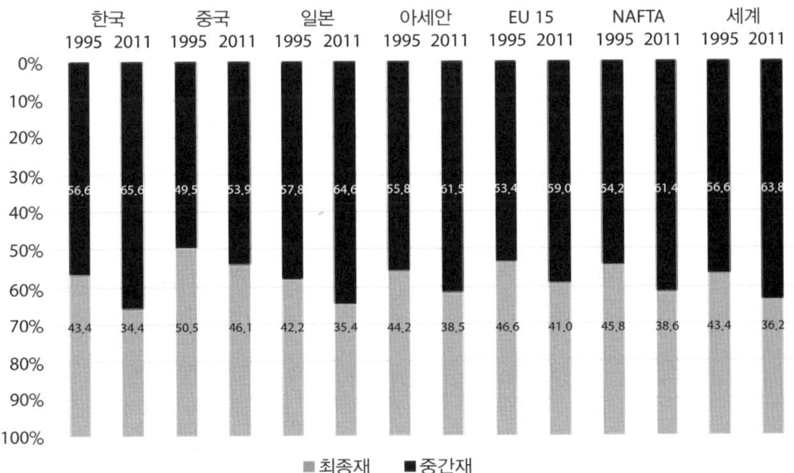

〈그림 2-9〉 주요 국가의 총수출 구조

자료: OECD Tiva database(검색일: 2017. 8. 25.)를 이용하여 저자가 작성

의 중간재 수출시장으로 자리잡고 있다. 특히 한국은 중간재 수출의 30% 이상을 중국으로 수출하고 있다. 아울러 중국의 주된 중간재 수출시장은 미국으로 나타났다.

〈그림 2-7〉과 〈그림 2-8〉은 부가가치로 측정한 중간재 수출의 흐름을 보이고 있는데, 〈그림 2-5〉와 〈그림 2-6〉의 경우와 매우 유사한 것으로 나타났다.[3]

〈그림 2-9〉는 1995년과 2011년 주요 국가의 총수출 구조를 나타내고 있다. 전 세계의 총수출 구조를 보면 1995년 중간재 수출의 비중이 56.6%였는데, 2011년 63.8%로 7.2% 포인트 증가하였다. 또한 1995년 한국의 총수출 구조를 보면 중간재 수출이 56.6% 최종재 수출이 43.4%였는데, 2011년에는 중간재 수출의 비중이 65.6%로 9% 포인

3 여기서 부가가치는 직접 국내부가가치를 의미한다.

트 증가하여 중간재 수출의 비중이 전 세계 평균에 비해 더 크게 증가하였다는 것을 알 수 있다. 정도의 차이는 있으나 중간재 수출의 비중 증가는 다른 국가에서도 확인할 수 있다. 이는 생산 과정이 분화되어 각기 다른 국가에서 생산되는 글로벌 가치사슬 또는 글로벌 생산네트워크가 더욱 심화되었다는 것을 시사한다.

3. 아시아 국가 부가가치 수출의 진화

3.1 국가별 부가가치 수출

먼저 전 세계와 아시아의 부가가치 수출이 어떻게 진화하고 있는지를 살펴본다. 〈그림 2-10〉은 1995-2011년 기간에 총국내부가가치(TDVX) 수출이 총수출에서 차지하는 비중이 어떻게 변화하였는지를 나타내고 있다. 세계 전체와 아시아 국가의 총국내부가가치 수출의 비중은 점차 감소하고 있다. 아시아 국가의 경우 1995년 0.81에서 2011년 0.70으로 낮아졌고, 세계 전체는 0.58에서 0.52로 줄어들었다. 그런데 아시아 국가의 총국내부가가치 수출 비중이 세계 전체에 비해 높은 수준을 보이고 있다.

〈그림 2-11〉은 직·간접 국내부가가치 수출이 총수출에서 차지하는 비중의 변화를 나타낸 것으로, 총국내부가가치 수출의 비중을 나타내는 〈그림 2-10〉과 거의 유사한 패턴을 보이고 있다. 세계 전체에 비해 아시아 국가 국내부가가치 수출의 비중은 높은 수준이고, 시간의 흐름에 따라 감소하는 경향을 나타내고 있다.

〈그림 2-12〉는 직접 국내부가가치 수출(DVX)이 총수출에서 차지하는 비중의 변화를 나타내고 있는데, 세계 전체와 아시아는 거의 동

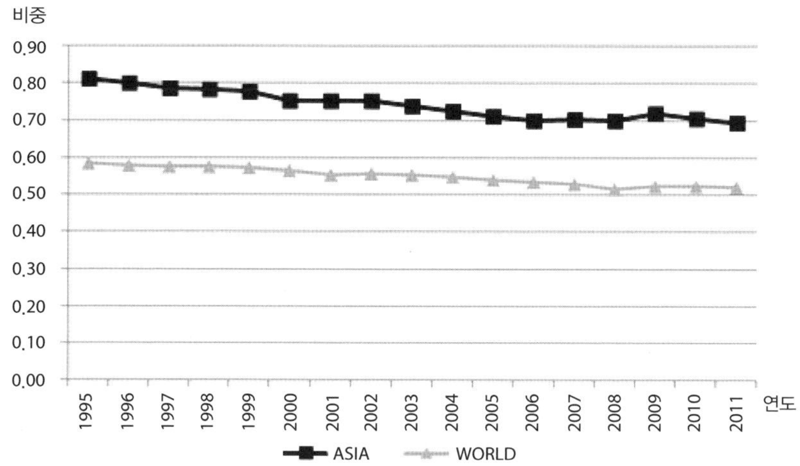

〈그림 2-10〉 총국내부가가치 수출 비중의 진화

자료: OECD Tiva database(검색일: 2017. 8. 25.)를 이용하여 저자가 작성

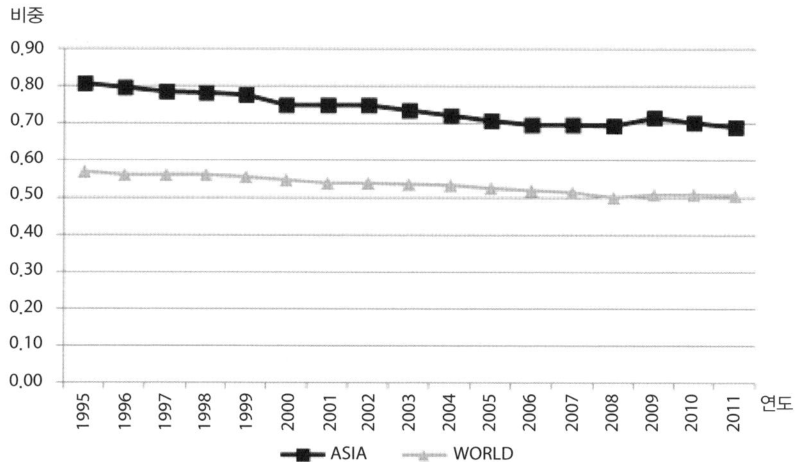

〈그림 2-11〉 직·간접 국내부가가치 비중의 변화

자료: OECD Tiva database(검색일: 2017. 8. 25.)를 이용하여 저자가 작성

일한 수준이고 감소하는 경향을 보이고 있다. 앞서 살펴보았듯이, 총국내부가가치와 국내부가가치의 비중은 아시아 국가가 세계 전체에 비해 높은 데 비해 직접 국내부가가치의 비중이 세계 전체와 거의 동

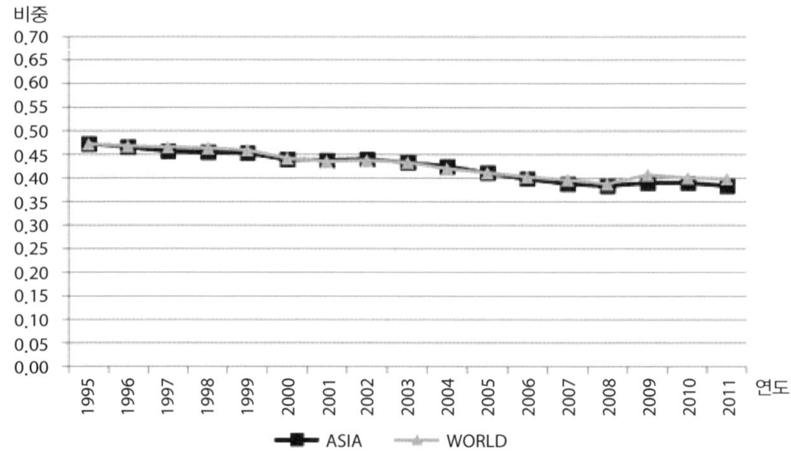

〈그림 2-12〉 직접 국내부가가치 수출 비중의 변화

자료: OECD Tiva database(검색일: 2017. 8. 25.)를 이용하여 저자가 작성

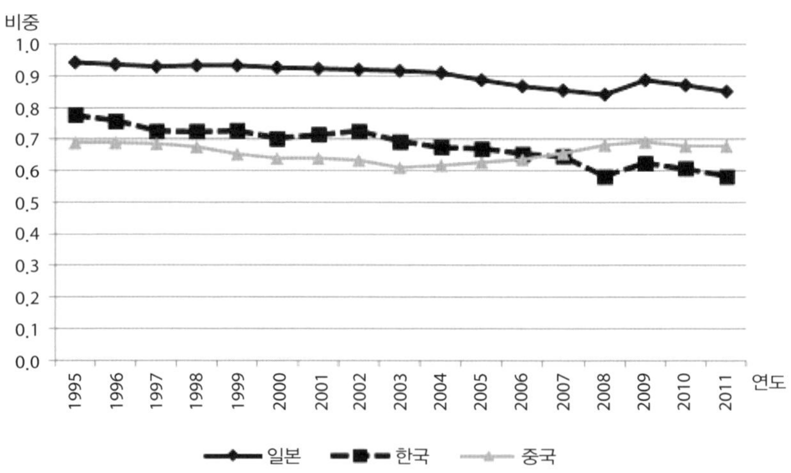

〈그림 2-13〉 한중일 3국의 총국내부가가치 수출 비중

자료: OECD Tiva database(검색일: 2017. 8. 25.)를 이용하여 저자가 작성

일하다는 것은 아시아 국가의 경우 간접 국내부가가치(IDX)와 환류 국내부가가치(RVX)가 세계 전체에 비해 더 높다는 것을 의미한다.

〈그림 2-13〉은 한중일 3국의 총국내부가가치 수출이 총수출에서

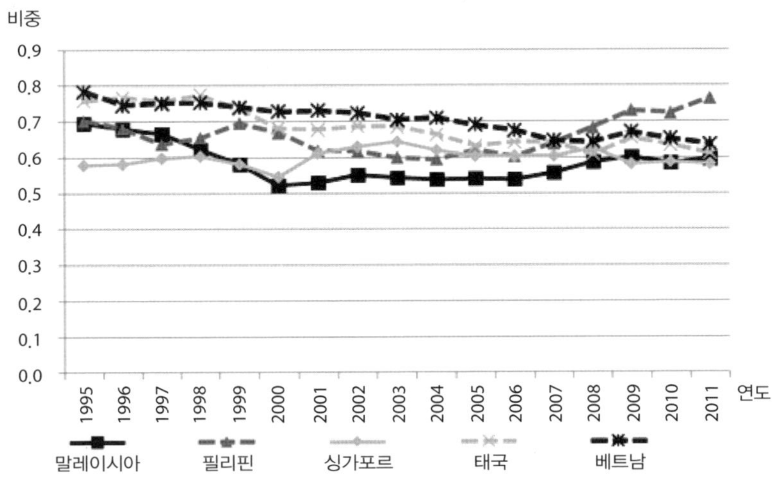

〈그림 2-14〉 아시아 국가의 총국내부가가치 수출 비중 I

자료: OECD Tiva database(검색일: 2017. 8. 25.)를 이용하여 저자가 작성

차지하는 비중의 연도별 변화를 나타내고 있다. 1995년 일본의 총국내부가가치 비중이 한중일 3국 가운데 가장 높은 수준이었고, 2011년에도 여전히 상대적으로 높게 나타났다. 한국은 1995년 총국내부가가치의 비중이 중국에 비해 높았으나, 시간의 흐름에 따라 빠르게 감소하여 2011년에는 한중일 3국 중에서 가장 낮은 수준을 보이고 있다. 이는 한국이 글로벌 가치사슬에 가장 밀접한 관계를 형성하고 있다는 것을 시사한다.

〈그림 2-14〉와 〈그림 2-15〉는 아시아 국가와 EU 15개국의 총국내부가가치 수출이 총수출에서 차지하는 비중의 연도별 변화를 나타내고 있다. 필리핀과 홍콩의 경우 총국내부가가치 수출의 비중이 증가한 반면 나머지 대부분의 국가는 감소 추세를 보이고 있다. 2011년 현재 직·간접 국내부가가치 수출의 비중이 가장 낮은 국가는 0.56을 기록한 대만이고 그다음이 0.58의 싱가포르이다. 2011년 현재 총국내부가가치 수출의 비중이 가장 높은 국가는 인도네시아로 0.88 수준이며

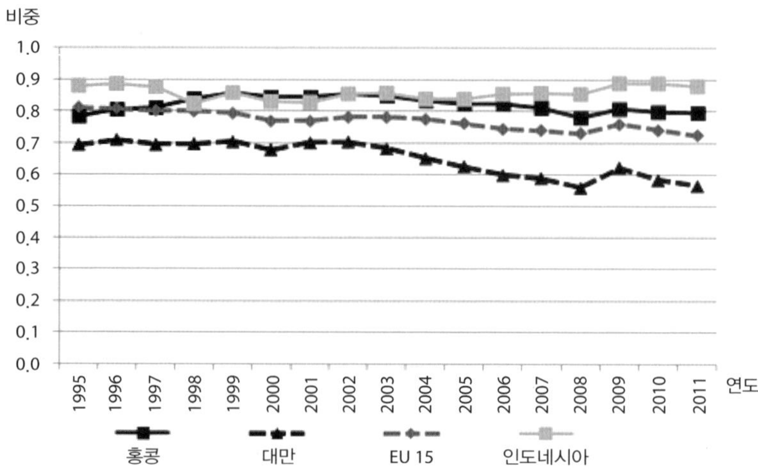

〈그림 2-15〉 아시아 국가의 총국내부가가치 수출 비중 II

자료: OECD Tiva database(검색일: 2017. 8. 25.)를 이용하여 저자가 작성

그다음으로 높은 국가는 약 0.8의 홍콩으로 나타났다.

3.2 산업별 부가가치 수출

앞에서 국가별 부가가치 수출의 변화를 살펴보았다. 이 절에서는 산업별 부가가치 수출의 변화를 분석한다. 〈표 2-3〉은 1995-2011년 사이 아시아, EU 15개국 그리고 NAFTA에서의 산업별 부가가치 수출의 비중이 어떻게 변화하였는지를 나타내고 있다. 아시아에서는 한중일 3국, 아세안 6개국(싱가포르, 인도네시아, 필리핀, 말레이시아, 태국, 베트남) 그리고 인도, 대만과 홍콩이 포함된다.

아시아의 경우 1995-2011년 기간에 모든 산업에서 총국내부가가치가 총수출에서 차지하는 비중은 감소하였다. 산업 전체로 보면 1995년 총국내부가가치 비중은 75.3%에서 2011년 68.6%로 6.7% 포인트 감소하였으며, 가장 크게 감소한 산업은 석유 및 정유 산업이고 그다

〈표 2-3〉 산업별 총국내부가가치 수출의 비중

(단위: %, % 포인트)

	아시아			EU 15			NAFTA		
	1995	2011	2011-1995	1995	2011	2011-1995	1995	2011	2011-1995
농림수산업	88.1	81.6	-6.5	85.4	77.3	-8.1	91.3	87.0	-4.3
광업	85.0	76.6	-8.4	89.1	81.3	-7.8	90.6	89.1	-1.5
음식료품	80.4	73.4	-7.0	78.4	71.3	-7.1	89.8	85.4	-4.4
섬유	71.3	66.6	-4.7	78.5	70.7	-7.8	83.8	80.1	-3.7
목재와 그 제품	76.6	69.3	-7.3	80.5	74.1	-6.4	86.7	82.8	-3.9
펄프, 종이제품	71.5	67.9	-3.6	82.9	76.8	-6.1	88.6	87.6	-1.0
석유 및 정유	60.9	43.8	-17.1	62.8	30.8	-32.0	76.8	67.2	-9.6
화학	65.8	57.3	-8.5	77.5	65.3	-12.2	88.5	80.8	-7.7
고무, 플라스틱	70.3	62.8	-7.5	77.8	68.8	-9.0	85.7	78.0	-7.7
기타 비금속 광물	74.6	63.1	-11.5	82.5	73.3	-9.2	89.3	82.1	-7.2
금속	60.8	49.9	-10.9	72.0	55.3	-16.7	81.1	68.3	-13.0
기계	60.3	57.4	-2.9	79.0	71.5	-7.5	83.5	75.0	-8.5
전기전자	57.1	55.2	-1.9	73.3	69.8	-3.5	79.7	80.3	0.6
운송장비	65.3	60.4	-4.9	72.7	63.0	-9.7	79.0	70.9	-8.1
기타 제조업	70.0	65.5	-4.5	78.1	71.6	-6.5	87.3	84.0	-3.3
전기, 가스 및 수도	84.4	68.4	-16.0	87.8	74.9	-12.9	93.8	92.6	-1.2
건설	73.8	69.3	-4.5	84.1	78.4	-5.7	88.6	85.2	-3.4
도소매업	89.8	87.4	-2.4	91.0	85.8	-5.2	96.5	94.8	-1.7
숙박업	87.5	82.3	-5.2	87.9	84.6	-3.3	93.9	92.6	-1.3
운수 창고업	82.7	72.8	-9.9	86.9	77.7	-9.2	92.7	89.6	-3.1
통신서비스	90.7	83.9	-6.8	92.1	82.9	-9.2	96.6	91.4	-5.2
금융서비스	93.0	90.8	-2.2	89.3	81.1	-8.2	97.3	95.4	-1.9

	아시아			EU 15			NAFTA		
	1995	2011	2011-1995	1995	2011	2011-1995	1995	2011	2011-1995
부동산업	88.5	83.8	-4.7	91.8	85.1	-6.7	97.0	95.4	-1.6
교육	92.8	89.9	-2.9	96.0	93.8	-2.2	97.5	96.4	-1.1
보건 및 사회복지 서비스	85.0	79.8	-5.2	92.8	89.7	-3.1	96.4	94.8	-1.6
협회, 단체 및 기타 개인서비스	88.1	82.3	-5.8	89.4	87.5	-1.9	94.9	93.1	-1.8
산업 전체	75.3	68.6	-6.7	81.1	72.4	-8.7	88.5	85.0	-3.5

주) 각 국가그룹의 부가가치 비중은 개별 국가의 단순평균임.
자료: OECD Tiva database(검색일: 2018. 1. 26.)를 이용하여 저자가 작성

음이 전기, 가스 및 수도 산업으로 나타났다. 감소폭이 가장 낮은 산업은 전기전자 산업으로 1.9% 포인트 감소하는 데 그쳤다. 그러나 아시아 전기전자 산업의 총국내부가가치 수출의 비중이 1995년 57.1%로 글로벌 생산네트워크가 가장 심화된 산업이어서 변화 폭이 높지 않은 것으로 보인다.

EU 15개국과 NAFTA의 경우도 총국내부가가치 수출이 총수출에서 차지하는 비중은 산업 전반에 걸쳐 감소하였다. EU 15개국과 NAFTA에서 산업별 총국내부가가치 수출의 비중은 각각 평균 8.7% 포인트와 3.5% 포인트 감소하였다. EU 15개국에서 가장 크게 감소한 산업은 석유 및 정유 산업과 금속 산업으로 각각 32% 포인트와 16.7% 포인트 감소하였고, NAFTA에서는 금속 산업의 감소폭이 가장 큰 것으로 나타났다.

전체적으로 볼 때 아시아, EU 15개국 그리고 NAFTA 지역 공통으로 서비스 산업의 총국내부가가치 수출의 비중이 제조업에 비해 상

대적으로 작게 감소하였는데, 이는 정보통신산업의 발전으로 서비스의 교역 가능성이 확대되었다 하더라도 서비스 산업의 수출이 제조업에 비해 상대적으로 규모도 작고 제한적이기 때문으로 해석된다. 또한 농림수산업과 서비스 산업의 경우 총국내부가가치 수출의 비중이 제조업에 비해 상대적으로 높은 수준을 보이고 있는데, 이는 이들 산업의 글로벌 생산네트워크가 상대적으로 심화되지 않았다는 것을 의미한다. 아울러 지역으로는 아시아의 총국내부가가치 수출 비중이 EU 15개국과 NAFTA에 비해 낮은 수준을 보이고 있는데, 이는 아시아 지역의 글로벌 가치사슬 참여가 상대적으로 높다는 것을 시사한다.

3.3 주요 산업의 글로벌 생산네트워크 현황

이 절에서는 주요 산업의 생산네트워크가 어떻게 형성되고 변화되었는지를 분석하기 위해 산업별 부가가치 수출의 상대 국가별 점유율을 이용하여 살펴본다. 아울러 중간재 부가가치 수출을 별도로 분석한다.

가. 섬유 산업

〈표 2-4〉와 〈표 2-5〉는 1995년 주요 국가 섬유 산업의 부가가치 수출과 중간재 부가가치 수출의 상대국 점유율을 나타내고 있다. 1995년 한국 섬유 산업의 최대 수출국은 23.6%를 차지하고 있는 NAFTA였고, 그다음이 일본과 중국으로 나타났다. 한편, 1995년 한국 섬유 산업의 중간재 부가가치 수출의 경우, NAFTA는 19.4%이고 중국과 일본이 각각 19.3%와 14.9%였다. 이는 1995년 한국 섬유 산업의 대중국 수출이 대부분 중간재였고, NAFTA와 일본으로의 중간재 수출도 상당히 높은 편이며 최종재 형태의 부가가치 수출이 중국에 비해서는 높다는 것을

〈표 2-4〉 섬유 산업의 부가가치 수출 네트워크(1995)

(단위: %)

수입국 \ 수출국	일본	한국	중국	홍콩	인도	대만	아세안	EU 15	NAFTA
일본	-	18.7	25.5	2.7	3.3	5.7	11.4	12.7	20.8
한국	9.4	-	3.7	0.6	1.3	1.6	1.2	3.5	3.8
중국	31.9	11.5	-	10.1	0.4	17.3	1.0	0.9	2.1
홍콩	3.7	3.6	8.9	-	0.4	5.2	1.1	1.3	1.3
인도	0.3	0.4	0.2	0.2	-	0.2	0.3	0.3	0.6
대만	7.6	1.9	0.6	2.0	0.5	-	2.6	1.6	2.4
아세안	12.2	9.1	1.6	5.4	1.5	13.0	-	1.8	4.3
EU 15	10.2	7.9	15.4	17.9	41.3	7.1	28.4	-	28.3
NAFTA	12.0	23.6	30.1	28.8	25.0	28.1	40.0	21.0	-

자료: OECD Tiva database(검색일: 2018. 1. 26.)를 이용하여 저자가 작성

〈표 2-5〉 섬유 산업의 중간재 부가가치 수출 네트워크(1995)

(단위: %)

수입국 \ 수출국	일본	한국	중국	홍콩	인도	대만	아세안	EU 15	NAFTA
일본	-	14.9	23.8	1.9	3.4	4.2	11.8	10.5	14.9
한국	9.7	-	5.5	0.7	2.1	1.9	1.9	4.7	5.6
중국	43.0	19.3	-	14.8	0.7	27.0	2.1	1.6	4.5
홍콩	3.4	4.1	11.4	-	0.5	5.5	1.2	1.5	1.4
인도	0.3	0.4	0.3	0.3	-	0.2	0.3	0.4	0.7
대만	8.6	2.6	0.7	2.7	0.9	-	4.1	2.4	3.7
아세안	13.2	12.2	2.4	7.1	2.4	16.0	-	2.4	6.7
EU 15	5.9	5.6	12.9	12.2	36.5	4.7	24.6	-	20.4
NAFTA	7.4	19.4	28.4	25.9	24.2	21.0	40.6	16.7	-

자료: OECD Tiva database(검색일: 2018. 1. 26.)를 이용하여 저자가 작성

〈표 2-6〉 섬유 산업의 부가가치 수출 네트워크(2011)

(단위: %)

수출국 / 수입국	일본	한국	중국	홍콩	인도	대만	아세안	EU 15	NAFTA
일본	-	7.8	15.6	0.5	1.9	4.8	8.4	6.8	7.6
한국	6.6	-	3.1	0.9	1.4	1.4	4.0	3.1	5.1
중국	51.8	29.3	-	41.5	3.9	35.7	6.1	7.9	12.6
홍콩	1.5	1.1	1.4	-	0.3	1.6	0.4	1.3	0.9
인도	1.1	1.1	0.8	1.0	-	1.6	0.6	0.8	3.0
대만	4.0	1.3	0.7	1.1	0.3	-	1.2	0.9	1.4
아세안	9.3	18.8	2.8	15.4	1.8	18.7	-	2.0	4.5
EU 15	6.4	7.3	22.8	10.4	35.2	5.0	19.3	-	23.5
NAFTA	10.0	13.5	28.2	6.1	24.4	14.8	37.4	15.1	-

자료: OECD Tiva database(검색일: 2018. 1. 26.)를 이용하여 저자가 작성

의미한다.

1995년 일본 섬유 산업의 대중국 부가가치 수출은 약 31.9%(표 2-4)에 달하였고, 중국이 일본 섬유 산업의 중간재 부가가치 수출에서 차지하는 비중은 43%(표 2-5)로 일본 섬유 산업의 대중국 부가가치 수출에 비해 중간재 부가가치 수출이 더 높은 비중을 차지하고 있다.

〈표 2-6〉과 〈표 2-7〉은 2011년 주요 국가 섬유 산업의 부가가치 수출과 중간재 부가가치 수출의 상대국 점유율을 나타내고 있다. 한국 섬유 산업의 대중국 부가가치 수출 점유율은 2011년 29.3%로 1995년에 비해 크게 증가하였으며, 중간재 부가가치 수출의 점유율도 약 45%로 1995년에 비해 무려 25.6% 포인트 증가하였다. 또한 일본 섬유 산업도 유사한 경향을 보이고 있는데, 일본의 대중국 부가가치 수출은 1995년 약 32%에서 51.8%로 크게 증가하였고, 대중국 중간재 부가가치 수출도 1995년 43%에서 67.6%로 크게 증가하였다.

〈표 2-7〉 섬유 산업의 중간재 부가가치 수출 네트워크(2011)

(단위: %)

수입국 \ 수출국	일본	한국	중국	홍콩	인도	대만	아세안	EU 15	NAFTA
일본	-	6.0	19.3	0.4	2.4	3.5	11.0	6.7	6.5
한국	4.5	-	4.3	1.0	2.0	1.2	5.7	3.4	4.7
중국	67.6	44.9	-	19.1	8.5	49.2	10.1	15.0	19.5
홍콩	0.9	0.9	1.7	-	0.3	1.1	0.3	1.2	0.6
인도	0.8	0.9	1.1	1.4	-	1.2	0.6	0.8	1.6
대만	4.0	1.7	1.2	1.6	0.6	-	2.2	1.4	2.0
아세안	10.5	21.6	6.0	33.7	3.5	24.1	-	3.2	6.0
EU 15	3.2	4.0	18.9	8.4	29.1	2.4	16.0	-	14.9
NAFTA	3.3	6.4	21.3	4.4	18.6	6.5	29.2	8.7	-

자료: OECD Tiva database(검색일: 2018. 1. 26.)를 이용하여 저자가 작성

나. 석유 및 정유 산업

〈표 2-8〉과 〈표 2-9〉는 1995년 주요 국가 석유 및 정유 산업의 부가가치 수출과 중간재 부가가치 수출의 상대국 점유율을 나타내고 있다. 한국 석유 및 정유 산업의 최대 수출국은 50.6%를 차지하고 있는 일본이었고 그다음이 14.8%의 중국이었다. 한국 석유 및 정유 산업의 중간재 부가가치 수출을 보면 대일본 수출은 46.9%로 점유율이 약간 낮아지는 것으로 나타났다.

한편, 일본 석유 및 정유 산업의 최대 수출대상국은 한국으로 32.9%였고, 중간재 부가가치 대한국 수출은 34%였다. 그러므로 한국과 일본의 석유 및 정유 산업 무역은 산업 내 무역이 주된 형태라는 것을 알 수 있다.

〈표 2-10〉과 〈표 2-11〉은 2011년 주요 국가 석유 및 정유 산업의

〈표 2-8〉 석유 및 정유 산업의 부가가치 수출 네트워크(1995)

(단위: %)

수출국 / 수입국	일본	한국	중국	홍콩	인도	대만	아세안	EU 15	NAFTA
일본	-	50.6	7.5	1.2	16.2	9.5	37.6	5.4	16.3
한국	32.9	-	13.3	5.1	33.5	24.7	10.2	2.0	5.3
중국	6.6	14.8	-	31.0	1.0	9.4	10.3	0.5	1.2
홍콩	1.2	2.1	1.6	-	0.2	1.7	2.5	0.2	0.2
인도	2.0	0.6	6.2	0.1	-	0.5	1.4	1.1	0.6
대만	15.3	4.1	1.6	5.7	0.1	-	5.5	1.0	3.7
아세안	8.9	14.0	9.8	41.1	3.1	27.6	-	3.1	4.3
EU 15	9.4	0.2	26.3	6.3	26.8	5.2	8.5	-	34.6
NAFTA	17.2	12.0	15.3	1.8	12.2	4.2	11.6	23.0	-

자료: OECD Tiva database(검색일: 2018. 1. 26.)를 이용하여 저자가 작성

〈표 2-9〉 석유 및 정유 산업의 중간재 부가가치 수출 네트워크(1995)

(단위: %)

수출국 / 수입국	일본	한국	중국	홍콩	인도	대만	아세안	EU 15	NAFTA
일본	-	46.9	5.3	0.0	16.9	8.2	38.0	4.7	14.2
한국	34.0	-	15.6	4.9	38.8	24.4	11.5	2.3	6.7
중국	8.4	19.0	-	32.8	1.4	11.4	14.3	0.6	1.7
홍콩	0.9	1.6	0.3	-	0.0	1.3	2.1	0.1	0.1
인도	2.1	0.6	7.3	0.1	-	0.5	1.6	1.3	0.8
대만	16.8	4.5	1.3	5.8	0.1	-	6.5	1.1	5.0
아세안	10.6	15.6	13.7	48.6	4.0	31.7	-	4.0	6.0
EU 15	6.5	0.1	21.6	1.0	22.2	3.2	5.0	-	24.4
NAFTA	13.7	9.8	13.3	0.2	8.7	1.9	8.7	19.7	-

자료: OECD Tiva database(검색일: 2018. 1. 26.)를 이용하여 저자가 작성

〈표 2-10〉 석유 및 정유 산업의 부가가치 수출 네트워크(2011)

(단위: %)

수출국 / 수입국	일본	한국	중국	홍콩	인도	대만	아세안	EU 15	NAFTA
일본	-	19.3	7.2	0.1	6.3	1.9	25.7	1.7	4.1
한국	11.5	-	7.9	5.2	13.4	1.9	10.5	0.5	1.4
중국	17.3	26.3	-	59.6	0.4	12.1	20.2	1.7	3.1
홍콩	1.7	0.6	3.2	-	0.0	1.1	0.9	0.1	0.1
인도	2.6	2.1	8.3	2.5	-	2.5	3.4	0.7	1.4
대만	1.2	2.0	2.5	1.7	4.9	-	5.6	0.3	0.9
아세안	11.0	23.5	31.9	10.0	6.7	54.3	-	1.6	2.1
EU 15	4.9	5.9	6.7	0.8	20.7	5.9	3.4	-	32.0
NAFTA	8.1	6.7	7.3	0.4	10.0	2.4	2.6	35.8	-

자료: OECD Tiva database(검색일: 2018. 1. 26.)를 이용하여 저자가 작성

〈표 2-11〉 석유 및 정유 산업의 중간재 부가가치 수출 네트워크(2011)

(단위: %)

수출국 / 수입국	일본	한국	중국	홍콩	인도	대만	아세안	EU 15	NAFTA
일본	-	17.5	7.5	0.0	5.9	1.8	26.8	1.9	3.9
한국	15.6	-	10.3	6.0	15.8	2.1	13.6	0.7	1.5
중국	25.7	33.1	-	66.3	0.4	14.3	26.4	2.0	3.5
홍콩	1.7	0.5	3.0	-	0.0	1.0	0.8	0.0	0.0
인도	2.4	1.7	7.7	2.0	-	1.9	2.9	0.7	1.1
대만	1.6	2.3	2.3	2.0	6.0	-	7.4	0.4	1.1
아세안	15.5	25.8	39.9	10.9	8.2	60.3	-	2.1	2.5
EU 15	5.0	4.5	5.8	0.4	17.7	4.2	2.7	-	27.8
NAFTA	6.9	4.9	5.9	0.0	7.7	1.7	1.4	31.0	-

자료: OECD Tiva database(검색일: 2018. 1. 26.)를 이용하여 저자가 작성

부가가치 수출과 중간재 부가가치 수출의 상대국 점유율을 나타내고 있다. 가장 뚜렷한 특징은 한국과 일본 각각의 점유율이 1995년에 비해 크게 감소하였고, 대중국 부가가치 수출 점유율이 크게 증가하였다는 점이다. 한국의 대중국 부가가치 수출은 26.3%이고, 중간재 부가가치 수출은 33.1%를 기록하였다. 아울러 대일본 수출의 감소와 대중국 수출의 증가는 아세안 국가에서도 확인된다. 또한 2011년 한국 석유 및 정유 산업의 대아세안 부가가치 수출과 중간재 부가가치 수출도 크게 증가한 것으로 나타났다.

다. 금속 산업

〈표 2-12〉와 〈표 2-13〉은 1995년 주요 국가 금속 산업 부가가치 수출과 중간재 부가가치 수출의 상대국 점유율을 나타내고 있다. 한국

〈표 2-12〉 금속 산업의 부가가치 수출 네트워크(1995)

(단위: %)

수출국 수입국	일본	한국	중국	홍콩	인도	대만	아세안	EU 15	NAFTA
일본	-	24.2	19.4	8.0	7.1	12.1	29.5	3.8	13.3
한국	14.0	-	15.1	2.4	5.0	2.7	8.2	3.4	10.2
중국	11.5	7.7	-	21.0	0.8	9.8	3.0	1.9	2.7
홍콩	2.1	2.7	5.1	-	0.7	3.0	2.0	0.6	1.3
인도	1.1	1.1	0.6	0.7	-	0.3	1.8	2.0	1.7
대만	13.2	5.3	9.8	11.3	4.5	-	7.2	2.4	6.4
아세안	27.3	17.8	14.3	20.8	16.9	15.0	-	6.3	7.3
EU 15	4.2	8.1	13.1	7.7	18.2	14.1	16.6	-	28.2
NAFTA	16.9	24.3	15.0	9.6	21.8	33.4	20.6	22.1	-

자료: OECD Tiva database(검색일: 2018. 1. 26.)를 이용하여 저자가 작성

〈표 2-13〉 금속 산업의 중간재 부가가치 수출 네트워크(1995)

(단위: %)

수입국 \ 수출국	일본	한국	중국	홍콩	인도	대만	아세안	EU 15	NAFTA
일본	-	25.8	20.3	8.7	7.6	13.1	31.1	3.9	14.1
한국	14.5	-	15.9	2.5	5.7	2.9	8.7	3.5	10.7
중국	12.1	8.0	-	21.7	0.9	10.3	3.0	1.9	2.8
홍콩	2.1	2.8	4.9	-	0.5	3.1	2.0	0.6	1.4
인도	1.1	1.0	0.6	0.7	-	0.3	1.8	2.0	1.8
대만	13.9	5.7	10.4	12.4	5.1	-	7.6	2.6	6.9
아세안	26.0	17.1	14.1	20.4	17.6	14.4	-	6.0	7.0
EU 15	3.9	7.1	12.0	7.2	17.2	12.7	15.4	-	28.6
NAFTA	17.2	24.6	15.1	9.9	21.7	34.4	21.1	23.2	-

자료: OECD Tiva database(검색일: 2018. 1. 26.)를 이용하여 저자가 작성

금속 산업의 최대 수출시장은 NAFTA와 일본으로 각각의 점유율은 24.3%와 24.2%였다. 일본의 최대 수출국은 아세안과 NAFTA였으며, 중국의 최대 수출시장은 일본과 한국으로 나타났다.

한편, 중간재 부가가치 수출을 보면 한국의 최대 수출국은 일본과 NAFTA인데 각각의 점유율은 25.8%와 24.6%로 부가가치 수출과 거의 같은 수준을 보이고 있다. 일본의 아세안, NAFTA 및 한국으로의 수출도 부가가치 수출과 중간재 부가가치 수출의 점유율이 거의 같은 수준을 보이고 있다. 이와 같이 부가가치 수출과 중간재 부가가치 수출의 상대국 비중이 거의 같은 것은 이들 국가에서의 금속 산업 부가가치 수출이 거의 중간재 수출의 형태라는 것을 시사한다.

〈표 2-14〉와 〈표 2-15〉는 2011년 주요 국가 금속 산업의 부가가치 수출과 중간재 부가가치 수출의 상대국 점유율을 나타내고 있다. 금속 산업의 경우도 2011년 대중국 수출이 크게 증가하였다. 일본 금

〈표 2-14〉 금속 산업의 부가가치 수출 네트워크(2011)

(단위: %)

수출국 / 수입국	일본	한국	중국	홍콩	인도	대만	아세안	EU 15	NAFTA
일본	-	12.2	7.2	0.9	2.1	7.3	23.0	1.7	5.3
한국	16.9	-	12.2	10.1	5.5	4.0	7.7	2.6	7.2
중국	23.6	19.8	-	24.2	14.2	21.1	14.0	10.3	13.6
홍콩	0.9	0.7	1.1	-	0.1	0.7	1.7	0.1	1.0
인도	3.8	6.8	7.5	18.6	-	5.2	8.2	5.6	5.1
대만	8.5	3.9	5.0	9.3	2.2	-	6.2	0.9	3.9
아세안	25.9	16.9	11.5	19.6	8.7	16.7	-	3.3	7.3
EU 15	3.0	4.3	12.4	8.2	15.1	12.1	7.2	-	19.0
NAFTA	7.2	11.7	16.1	2.5	13.0	21.3	8.2	13.8	-

자료: OECD Tiva database(검색일: 2018. 1. 26.)를 이용하여 저자가 작성

〈표 2-15〉 금속 산업의 중간재 부가가치 수출 네트워크(2011)

(단위: %)

수출국 / 수입국	일본	한국	중국	홍콩	인도	대만	아세안	EU 15	NAFTA
일본	-	13.0	7.7	1.0	2.3	7.7	24.4	1.8	5.6
한국	17.2	-	13.0	10.6	6.0	4.2	8.1	2.8	7.7
중국	24.1	20.6	-	25.4	15.4	22.2	14.6	10.8	14.5
홍콩	0.9	0.7	1.1	-	0.1	0.7	1.7	0.1	1.0
인도	3.1	5.8	6.4	15.8	-	4.4	6.8	4.9	4.3
대만	8.7	4.2	5.4	9.9	2.4	-	6.6	0.9	4.2
아세안	25.9	17.5	11.9	20.2	9.1	17.2	-	3.3	7.4
EU 15	2.9	4.2	12.0	8.1	14.8	11.3	7.0	-	19.0
NAFTA	7.0	11.5	16.2	2.5	12.8	20.9	8.1	13.9	-

자료: OECD Tiva database(검색일: 2018. 1. 26.)를 이용하여 저자가 작성

속 산업의 대중국 부가가치 수출은 1995년 11.5%에서 2011년 23.6%로 크게 증가하였고, 중간재 부가가치 수출의 비중도 1995년 12.1%에서 2011년 24.1%로 증가하였다. 이와 같이 대중국 수출 비중의 증가는 한국 금속 산업에서도 확인된다. 한편, 중국 수출의 상대국 점유율은 1995년과 2011년 큰 차이가 없는 것으로 나타났는데, 이는 금속제품에 대한 중국 내수의 증가에 기인한 것으로 해석할 수 있다.

라. 기계 산업

〈표 2-16〉과 〈표 2-17〉은 1995년 주요 국가 기계 산업 부가가치 수출과 중간재 부가가치 수출의 상대국 점유율을 나타내고 있다. 한국, 일본, 중국, 대만, EU 15개국 등 대부분 국가의 최대 수출시장은 NAFTA였다. 이는 중간재 부가가치 수출에서도 동일하게 나타났다.

〈표 2-16〉 기계 산업의 부가가치 수출 네트워크(1995)

(단위: %)

수입국 \ 수출국	일본	한국	중국	홍콩	인도	대만	아세안	EU 15	NAFTA
일본	-	7.7	7.8	2.1	1.8	6.2	21.2	3.3	8.0
한국	12.4	-	1.2	0.9	1.2	1.6	3.6	4.3	9.2
중국	8.3	11.4	-	38.3	0.5	22.4	6.2	5.5	3.7
홍콩	1.2	0.9	11.6	-	0.7	2.6	4.9	0.5	0.4
인도	0.8	1.4	0.6	0.9	-	0.7	1.6	1.8	1.0
대만	7.6	3.0	1.7	4.0	0.6	-	6.0	2.2	3.4
아세안	21.3	21.5	9.0	15.6	12.3	22.3	-	8.4	8.8
EU 15	12.5	11.6	19.8	9.7	17.1	8.7	14.3	-	23.6
NAFTA	25.6	23.7	31.6	7.6	18.6	22.9	22.9	21.4	-

자료: OECD Tiva database(검색일: 2018. 1. 26.)를 이용하여 저자가 작성

〈표 2-17〉 기계 산업의 중간재 부가가치 수출 네트워크(1995)

(단위: %)

수출국 / 수입국	일본	한국	중국	홍콩	인도	대만	아세안	EU 15	NAFTA
일본	-	5.8	5.2	1.3	1.6	4.6	16.3	2.5	6.7
한국	11.4	-	1.0	0.9	1.1	1.5	3.6	4.0	9.4
중국	7.9	11.2	-	36.9	0.4	21.4	5.9	5.2	3.9
홍콩	0.4	0.3	3.7	-	0.1	0.9	1.8	0.2	0.2
인도	0.5	1.0	0.4	0.7	-	0.4	1.1	1.2	0.8
대만	4.7	1.9	0.6	2.4	0.4	-	3.7	1.4	2.4
아세안	15.4	16.5	7.4	13.5	8.8	16.4	-	6.3	7.6
EU 15	11.6	11.1	17.8	9.4	14.9	8.0	13.8	-	23.9
NAFTA	38.6	34.5	47.1	11.1	21.2	34.5	34.8	30.5	-

자료: OECD Tiva database(검색일: 2018. 1. 26.)를 이용하여 저자가 작성

〈표 2-18〉 기계 산업의 부가가치 수출 네트워크(2011)

(단위: %)

수출국 / 수입국	일본	한국	중국	홍콩	인도	대만	아세안	EU 15	NAFTA
일본	-	6.0	8.2	1.8	1.0	5.0	13.1	1.8	3.9
한국	9.9	-	3.1	1.6	1.0	2.9	4.1	3.3	6.2
중국	27.1	27.1	-	39.3	4.4	34.2	13.8	14.5	11.6
홍콩	0.3	0.1	0.6	-	0.3	0.4	0.6	0.1	0.2
인도	2.1	3.5	4.1	3.2	-	2.9	4.8	2.9	2.3
대만	6.0	1.6	1.6	1.6	0.4	-	4.0	1.4	3.5
아세안	12.1	8.8	8.2	16.7	8.1	13.0	-	3.5	6.4
EU 15	8.1	5.5	14.7	9.5	16.7	7.5	11.4	-	17.4
NAFTA	20.2	21.9	25.8	6.2	19.4	19.2	14.5	18.6	-

자료: OECD Tiva database(검색일: 2018. 1. 26.)를 이용하여 저자가 작성

〈표 2-19〉 기계 산업의 중간재 부가가치 수출 네트워크(2011)

(단위: %)

수출국 / 수입국	일본	한국	중국	홍콩	인도	대만	아세안	EU 15	NAFTA
일본	-	3.9	5.3	1.5	0.9	3.2	9.1	1.3	2.8
한국	10.7	-	3.5	2.2	1.2	3.2	5.0	4.0	7.6
중국	27.9	29.7	-	22.7	4.7	35.9	15.1	16.3	13.7
홍콩	0.1	0.0	0.2	-	0.1	0.1	0.2	0.1	0.1
인도	1.3	2.4	2.8	3.1	-	1.9	3.4	2.0	1.7
대만	4.0	1.1	1.1	1.3	0.3	-	3.0	1.1	2.7
아세안	11.0	8.2	7.6	20.3	7.6	11.8	-	3.7	7.6
EU 15	8.1	5.6	15.1	13.2	16.9	7.6	12.7	-	19.6
NAFTA	25.9	28.3	34.6	9.0	22.8	24.7	20.4	24.1	-

자료: OECD Tiva database(검색일: 2018. 1. 26.)를 이용하여 저자가 작성

〈표 2-18〉은 2011년 기계 산업의 부가가치 수출 네트워크 현황을 나타내고 있다. 가장 뚜렷한 특징은 대중국 수출의 점유율이 크게 증가하였고 또한 대NAFTA 수출 점유율은 소폭 감소하는 데 그쳤다는 점이다. 2011년 기계 산업의 중간재 부가가치 수출 네트워크 현황을 나타내고 있는 〈표 2-19〉에서 일본, 한국 및 중국의 대NAFTA 수출은 1995년에 비해 소폭 감소하였다. 앞에서 분석한 섬유, 석유 및 정유 산업에서는 대중국 수출의 증가가 곧 대NAFTA 수출의 급격한 감소를 의미하였는데, 기계 산업의 경우에는 대중국 수출 증가가 대NAFTA 수출의 감소로 연결되지 않았다. 이는 다른 산업과 구별되는 점이다.

마. 전기전자 산업

〈표 2-20〉은 1995년 주요 국가 전기전자 산업의 부가가치 수출 네

〈표 2-20〉 전기전자 산업의 부가가치 수출 네트워크(1995)

(단위: %)

수출국 / 수입국	일본	한국	중국	홍콩	인도	대만	아세안	EU 15	NAFTA
일본	-	13.8	12.5	6.6	2.6	11.3	13.5	5.6	14.9
한국	7.0	-	2.3	2.4	1.1	2.7	2.6	2.6	6.2
중국	4.7	2.5	-	16.8	0.6	5.0	0.9	3.3	2.1
홍콩	1.4	0.9	10.6	-	1.1	2.2	1.5	0.7	0.7
인도	0.3	0.2	0.2	0.4	-	0.3	0.5	1.0	0.6
대만	7.5	5.2	2.0	6.6	1.0	-	4.7	2.5	4.1
아세안	11.3	8.0	3.7	14.7	13.4	8.1	-	8.1	9.3
EU 15	20.7	15.4	21.8	16.2	25.2	19.4	21.8	-	34.9
NAFTA	39.3	41.9	38.7	20.6	28.0	40.7	47.4	23.0	-

자료: OECD Tiva database(검색일: 2018. 1. 26.)를 이용하여 저자가 작성

〈표 2-21〉 전기전자 산업의 중간재 부가가치 수출 네트워크(1995)

(단위: %)

수출국 / 수입국	일본	한국	중국	홍콩	인도	대만	아세안	EU 15	NAFTA
일본	-	10.5	9.7	4.6	2.9	8.6	10.1	4.6	12.6
한국	7.2	-	2.3	2.4	0.9	2.8	2.8	2.6	7.4
중국	4.8	2.7	-	16.6	0.7	5.5	1.0	3.9	2.5
홍콩	0.5	0.3	5.6	-	0.3	1.2	0.5	0.4	0.4
인도	0.2	0.1	0.1	0.3	-	0.2	0.3	0.7	0.4
대만	9.0	6.5	2.2	7.8	1.3	-	5.7	3.3	5.7
아세안	12.1	9.5	4.4	15.1	15.7	8.6	-	8.4	11.4
EU 15	18.0	14.3	21.8	17.8	28.2	18.1	20.5	-	37.8
NAFTA	43.1	47.8	48.3	23.4	28.9	47.6	54.3	28.0	-

자료: OECD Tiva database(검색일: 2018. 1. 26.)를 이용하여 저자가 작성

〈표 2-22〉 전기전자 산업의 부가가치 수출 네트워크(2011)

(단위: %)

수출국 수입국	일본	한국	중국	홍콩	인도	대만	아세안	EU 15	NAFTA
일본	-	4.5	10.3	0.8	1.4	5.1	8.7	3.4	9.9
한국	6.2	-	5.4	3.6	0.9	4.8	5.1	2.7	5.8
중국	43.6	57.1	-	20.1	7.7	58.9	39.4	17.6	19.6
홍콩	1.4	0.7	2.7	-	0.8	1.5	2.5	0.4	0.9
인도	0.7	1.0	2.3	3.1	-	0.5	2.1	2.6	1.8
대만	6.6	3.8	3.3	0.9	0.5	-	4.3	1.4	3.5
아세안	10.2	5.7	6.4	27.3	8.6	5.9	-	4.8	10.2
EU 15	7.6	3.7	13.6	21.5	18.6	4.7	8.0	-	20.2
NAFTA	16.8	13.1	34.2	6.2	22.2	13.7	19.4	19.1	-

자료: OECD Tiva database(검색일: 2018. 1. 26.)를 이용하여 저자가 작성

〈표 2-23〉 전기전자 산업의 중간재 부가가치 수출 네트워크(2011)

(단위: %)

수출국 수입국	일본	한국	중국	홍콩	인도	대만	아세안	EU 15	NAFTA
일본	-	3.2	9.3	0.7	1.5	3.5	6.9	2.9	7.9
한국	7.4	-	8.4	5.3	1.5	5.6	6.4	3.8	7.8
중국	49.3	64.9	-	11.8	10.1	66.0	47.9	22.9	25.4
홍콩	0.4	0.2	1.1	-	0.3	0.4	0.8	0.2	0.3
인도	0.5	0.7	2.0	2.6	-	0.3	1.5	2.1	1.3
대만	7.4	4.3	4.7	1.0	0.6	-	5.2	1.8	4.6
아세안	10.8	5.8	8.1	32.0	9.4	6.5	-	6.0	13.3
EU 15	6.4	3.1	14.5	23.9	20.3	3.8	7.7	-	20.2
NAFTA	13.1	10.6	34.0	5.4	20.6	10.4	16.3	17.4	-

자료: OECD Tiva database(검색일: 2018. 1. 26.)를 이용하여 저자가 작성

트워크 현황을 나타내고 있다. 일본, 한국, 중국, 대만, 아세안의 최대 수출시장은 NAFTA로 나타났다. 중간재 부가가치 수출의 상대국 점유율을 나타내는 〈표 2-21〉에서도 대부분 국가의 최대 수출시장은 NAFTA이다. 앞에서 분석한 다른 산업에 비해 NAFTA 점유율이 매우 높아서 전기전자 산업 수출시장은 NAFTA에 집중되어 있음을 알 수 있다.

〈표 2-22〉와 〈표 2-23〉은 2011년 주요 국가 전기전자 산업의 부가가치 수출과 중간재 부가가치 수출의 상대국 점유율을 나타내고 있는데, 각 국가의 대중국 수출 비중이 크게 증가하면서 NAFTA로의 수출 비중이 급격히 감소한 것으로 나타났다. 중국의 대NAFTA 수출은 여전히 높은 비중을 나타내고 있다. 이는 전기전자 산업의 경우 중국이 세계 공장으로서의 역할을 수행하고 있다는 것을 시사한다.

바. 운송장비 산업

〈표 2-24〉는 1995년 운송장비 산업의 부가가치 수출 네트워크 현황을 나타내고 있다. 일본의 경우 대NAFTA 수출이 약 37%에 달하여 수출시장이 편중되어 있다. 한국의 최대 수출시장은 EU 15개국과 NAFTA인데, 각각의 점유율이 22.7%와 16.7%로 일본에 비해 상대적으로 덜 편중된 것으로 나타났다. 이와 같은 경향은 중간재 부가가치 수출 네트워크 현황을 나타내고 있는 〈표 2-25〉에서도 확인할 수 있다.

또한 〈표 2-24〉와 〈표 2-25〉에서 아세안의 대일본 수출의 비중이 10%와 11.8%로 나타난 데 비해, 한국의 대일본 수출 비중은 각각 1.7%와 2.3%에 불과하다. 이는 일본 운송장비 산업이 한국보다는 아세안과의 생산네트워크를 형성하고 있다는 것을 의미한다.

〈표 2-26〉과 〈표 2-27〉은 2011년 주요 국가 운송장비 산업의 부

〈표 2-24〉 운송장비 산업의 부가가치 수출 네트워크(1995)

(단위: %)

수입국＼수출국	일본	한국	중국	홍콩	인도	대만	아세안	EU 15	NAFTA
일본	-	1.7	7.7	1.7	0.3	7.9	10.0	7.6	10.7
한국	1.6	-	0.7	1.7	0.0	0.6	2.5	1.9	5.6
중국	0.7	1.3	-	4.6	0.0	2.6	7.8	2.2	1.4
홍콩	0.6	0.3	5.3	-	0.2	3.5	1.3	0.6	0.4
인도	0.3	0.3	0.1	2.4	-	0.1	1.5	0.5	0.7
대만	2.4	2.0	0.4	1.0	0.1	-	2.9	2.0	2.4
아세안	12.3	11.1	8.4	10.7	3.0	5.8	-	5.5	5.0
EU 15	17.6	22.7	6.7	21.7	16.2	13.2	35.7	-	26.6
NAFTA	36.8	16.7	22.1	5.7	6.4	23.4	13.8	24.0	-

자료: OECD Tiva database(검색일: 2018. 1. 26.)를 이용하여 저자가 작성

〈표 2-25〉 운송장비 산업의 중간재 부가가치 수출 네트워크(1995)

(단위: %)

수입국＼수출국	일본	한국	중국	홍콩	인도	대만	아세안	EU 15	NAFTA
일본	-	2.3	9.5	2.0	0.5	9.7	11.8	10.6	13.2
한국	1.7	-	0.6	1.3	0.1	0.5	1.8	2.0	4.6
중국	1.0	1.7	-	4.9	0.0	2.8	7.4	2.8	1.5
홍콩	0.4	0.1	3.5	-	0.1	1.4	0.4	0.3	0.2
인도	0.3	0.2	0.1	2.6	-	0.1	1.5	0.5	0.7
대만	2.9	3.5	0.5	0.9	0.1	-	4.4	2.4	2.8
아세안	9.0	11.1	8.7	8.2	1.8	4.7	-	3.8	3.7
EU 15	17.2	24.0	7.1	23.4	15.5	14.6	34.9	-	30.8
NAFTA	41.2	18.4	21.6	5.5	6.9	22.7	12.9	27.6	-

자료: OECD Tiva database(검색일: 2018. 1. 26.)를 이용하여 저자가 작성

〈표 2-26〉 운송장비 산업의 부가가치 수출 네트워크(2011)

(단위: %)

수입국＼수출국	일본	한국	중국	홍콩	인도	대만	아세안	EU 15	NAFTA
일본	-	1.0	4.0	0.5	0.6	6.9	9.1	2.4	3.5
한국	1.4	-	3.2	0.3	0.5	1.8	0.8	2.0	1.9
중국	10.4	7.2	-	0.7	1.2	5.0	2.9	11.7	8.4
홍콩	0.1	0.0	0.2	-	0.4	0.2	0.2	0.2	0.2
인도	0.5	1.5	2.6	3.1	-	0.5	3.2	0.9	0.6
대만	1.5	0.4	0.9	0.1	0.1	-	1.3	0.7	0.4
아세안	6.2	3.6	4.1	9.8	3.6	4.4	-	2.8	3.7
EU 15	8.8	14.7	10.8	12.1	17.7	25.5	10.5	-	24.2
NAFTA	28.6	18.1	16.2	3.6	11.5	34.2	4.5	19.3	-

자료: OECD Tiva database(검색일: 2018. 1. 26.)를 이용하여 저자가 작성

〈표 2-27〉 운송장비 산업의 중간재 부가가치 수출 네트워크(2011)

(단위: %)

수입국＼수출국	일본	한국	중국	홍콩	인도	대만	아세안	EU 15	NAFTA
일본	-	1.3	5.2	0.6	1.0	8.6	13.1	3.1	4.3
한국	2.5	-	5.3	0.5	0.7	2.8	1.4	3.1	3.0
중국	14.0	10.1	-	0.7	1.7	5.5	3.6	14.3	9.3
홍콩	0.1	0.0	0.1	-	0.2	0.1	0.2	0.1	0.1
인도	0.3	1.0	1.8	1.9	-	0.3	2.3	0.7	0.4
대만	1.5	0.5	1.2	0.1	0.1	-	1.6	0.7	0.4
아세안	5.8	3.8	3.7	10.3	3.5	3.2	-	2.7	3.8
EU 15	8.1	14.6	10.9	13.5	15.9	26.3	11.6	-	27.6
NAFTA	28.0	18.2	15.3	3.5	9.5	31.7	4.5	18.2	-

자료: OECD Tiva database(검색일: 2018. 1. 26.)를 이용하여 저자가 작성

가가치 수출과 중간재 부가가치 수출의 상대국 점유율을 나타내고 있다. 일본의 대NAFTA 수출 비중이 1995년에 비해 낮아졌으나 여전히 28% 이상을 유지하고 있다. 일본의 대중국 수출은 각각 10.4%와 14%로 1995년에 비해 높아졌으나, 다른 산업에 비해 대중국 수출 비중이 낮은 편이다. 이러한 경향은 한국 운송장비 산업의 수출에서도 확인된다. 이는 앞서 분석한 다른 산업과는 달리 운송장비 산업의 경우 중국이 글로벌 생산네트워크에 깊이 참여하지 않고 있다는 것을 의미한다.

3.4 글로벌 가치사슬 참여지수

각 국가가 글로벌 가치사슬에 참여하는 형태는 가치 창출과정의 성격에 의해 결정된다. 즉 국가가 재화 또는 서비스 생산의 수직적 사슬(vertical chains)의 어떤 단계를 수행하느냐에 따라 달라진다. 부품 및 부분품과 같이 생산의 초기 단계를 주로 수행할 수도 있고, 최종재의 마무리를 담당할 수도 있다. 글로벌 가치사슬에의 참여가 해당 국가의 경제적·사회적 성과에 미치는 영향을 파악하기 위해서는 먼저 글로벌 가치사슬에 참여하는 정도와 형태를 측정할 필요가 있다. 글로벌 가치사슬에의 참여는 해당 국가의 수출에 포함된 외국의 부가가치(foreign value added embodied in exports)로 정의할 수 있으며, 이를 더 세분하여 글로벌 가치사슬에 참여하는 형태에 따라 후방참여도 지수(backward participation index, BPI)와 전방참여도 지수(forward participation index, FPI)로 측정할 수 있다.

이 책에서는 OECD Tiva database의 정의[4]에 따라 전방참여도 지

4 http://www.oecd.org/sti/ind/tiva/TIVASaM_2016_Indicator_Definitions.pdf

수와 후방참여도 지수를 다음과 같이 정의한다.

$$FPI_{cp} = \frac{EXGR\_DVX_{cp}}{EXGR_c} * 100$$

$$BPI_{cp} = \frac{EXGR\_DVX_{cp}}{EXGR_p} * 100 \quad (2\text{-}1)$$

여기서 FPI_{cp}는 p국의 전방참여도 지수이며, 이는 c국의 총수출(gross exports) 대비 자국(p국)의 총수출에 포함된 c국 국내부가가치를 나타낸다. $EXGR_DVX_{cp}$는 p국의 수출에 포함된 c국의 부가가치이고, $EXGR_c$는 c국의 총수출이다. BPI_{cp}는 후방참여도 지수를 나타내며, 수출국(p국) 총수출 대비 수출국의 총수출에 포함된 외국의 부가가치로 측정한다. $EXGR_p$는 p국의 총수출을 가리킨다.

만약 어떤 국가의 생산이 수직적 사슬에서 최종재의 조립에 치중되어 있고 이를 수출한다면, 이 국가는 높은 후방참여도 지수와 낮은 전방참여도 지수를 가진다. 반대로 최종재 조립을 위한 중간재를 주로 공급하는 국가의 경우 전방참여도 지수가 높고, 후방참여도 지수는 낮다.

〈표 2-28〉은 아시아를 비롯한 주요 국가의 글로벌 가치사슬 참여도 지수를 나타내고 있다. 한국은 1995년에는 전방참여도 지수가 16.8% 후방참여도 지수가 22.3%였는데, 2011년에는 전방참여도 지수가 20.5% 후방참여도 지수가 41.6%로 증가하여 글로벌 가치사슬에의 참여가 심화된 것을 알 수 있다. 또한 한국의 후방참여도 지수가 크게 증가하였는데, 이는 한국의 수출에 포함된 외국에서 창출된 부가가치가 더 크게 증가하였다는 것을 의미한다. 2011년 기준으로 후방참여도 지수가 높은 국가는 대만, 싱가포르 및 한국이고, 전방참여도 지수가 높은 국가로는 일본, 인도네시아 등을 들 수 있다.

〈표 2-29〉는 한국의 주요 국가별 글로벌 가치사슬 참여도 지수를

〈표 2-28〉 주요 국가의 글로벌 가치사슬 참여도 지수

(단위: %)

	전방참여도 지수				후방참여도 지수			
	1995	2000	2005	2011	1995	2000	2005	2011
일본	23.6	29.8	32.0	32.8	5.6	7.4	11.1	14.7
한국	16.8	20.6	24.8	20.5	22.3	29.7	33.0	41.6
미국	19.3	24.5	25.2	25.2	11.4	12.5	13.0	15.0
중국	9.9	11.1	13.3	15.7	31.0	35.9	37.4	32.1
홍콩	15.4	23.1	24.6	23.2	21.6	15.6	17.5	20.4
인도네시아	16.4	23.1	25.7	31.6	12.0	17.0	16.2	12.0
말레이시아	15.5	15.9	16.3	19.9	30.4	47.7	45.9	40.6
필리핀	12.8	18.6	22.1	27.5	29.8	33.0	37.9	23.5
싱가포르	12.3	18.3	20.9	20.0	42.1	45.3	39.8	41.7
대만	15.5	21.1	27.0	24.1	30.7	32.2	37.4	43.5
태국	12.0	15.0	16.4	15.5	24.2	31.9	36.8	39.0
베트남	12.6	19.5	18.2	16.0	21.6	27.2	31.0	36.3

자료: OECD Tiva database

나타내고 있다. 가장 뚜렷한 특징으로 한국의 대중국 전방참여도 지수가 높다는 점을 들 수 있다. 한국의 2011년 대중국 전방참여도 지수는 8.43%로 다른 국가에 비해 훨등히 높다는 것을 알 수 있다. 또한 한국의 대미국 전방참여도 지수는 1995년 약 2.6%에서 2011년 약 1.2%로 크게 감소하였는데, 이는 미국의 총수출에서 한국에서 창출된 부가가치의 비중이 점차 낮아지고 있다는 것을 의미한다. 아울러 한국의 후방참여도 지수가 높은 국가로는 중국과 베트남을 들 수 있다. 이는 한국의 수출에서 이들 국가에서 창출된 부가가치가 상대적으로 많이 포함되어 있다는 것을 의미한다.

〈표 2-30〉은 일본의 주요 국가별 글로벌 가치사슬 참여도 지수를

〈표 2-29〉 한국의 주요 국가별 글로벌 가치사슬 참여도 지수

(단위: %)

	전방참여도 지수				후방참여도 지수			
	1995	2000	2005	2011	1995	2000	2005	2011
일본	1.03	1.03	1.17	0.87	0.32	0.41	0.59	0.61
미국	2.59	2.66	1.52	1.21	0.51	0.53	0.42	0.40
중국	2.61	4.23	9.63	8.43	2.74	3.20	4.01	2.66
홍콩	0.53	0.28	0.19	0.13	1.53	1.08	0.86	0.67
인도네시아	0.31	0.28	0.17	0.20	0.81	0.89	0.60	0.56
말레이시아	0.59	1.24	1.13	0.61	1.33	2.22	2.31	1.44
필리핀	0.33	0.35	0.22	0.13	1.93	2.25	1.78	1.16
싱가포르	1.06	0.74	0.42	0.54	1.84	1.50	1.06	1.22
대만	1.23	1.59	1.56	1.07	1.50	2.02	2.38	1.99
태국	0.44	0.40	0.46	0.54	0.98	1.14	1.30	1.34
베트남	0.15	0.27	0.31	0.45	3.18	3.33	2.87	2.92

자료: OECD Tiva database

나타내고 있다. 1995년 일본의 전방참여도 지수가 높았던 국가는 미국, 대만, 중국이었고 후방참여도 지수가 높았던 국가는 대만, 싱가포르, 필리핀, 말레이시아 등으로, 주로 아세안 국가와의 관계가 깊었다.

시간의 흐름에 따라 아세안 국가와의 후방참여도 지수는 현저히 작아지고 있음을 확인할 수 있다. 그 대신 중국과의 전방참여도 지수가 뚜렷하게 높아지고 있고, 후방참여도 지수도 높은 상태에서 출발하였으나 2011년 감소한 것으로 나타났다. 중국과의 후방참여도 지수가 계속 낮아졌는지 아니면 일시적인 현상이었는지는 현재의 분석으로는 단정하기 어렵고 추가적인 분석이 필요하다. 일본의 대한국 참여도를 보면 전방참여도 지수는 꾸준히 증가하고 있고, 후방참여도 지수도 2005년까지 완만하게 증가하였으나 2011년에는 감소한 것으로 나타

〈표 2-30〉 일본의 주요 국가별 글로벌 가치사슬 참여도 지수

(단위: %)

	전방참여도 지수				후방참여도 지수			
	1995	2000	2005	2011	1995	2000	2005	2011
한국	1.77	2.39	3.05	3.46	5.68	6.00	6.03	4.97
미국	4.37	4.48	2.58	2.23	2.74	2.25	1.41	1.04
중국	2.19	4.07	8.83	10.43	7.36	7.70	7.26	4.73
홍콩	0.45	0.23	0.21	0.25	4.17	2.18	1.87	1.78
인도네시아	0.29	0.32	0.22	0.25	2.43	2.53	1.50	0.99
말레이시아	1.04	2.53	1.74	1.42	7.53	11.29	7.07	4.78
필리핀	0.46	0.40	0.53	0.20	8.75	6.53	8.50	2.51
싱가포르	1.70	1.42	0.56	0.94	9.49	7.26	2.83	3.04
대만	2.55	3.03	2.88	2.73	9.99	9.62	8.69	7.27
태국	0.88	1.07	1.30	1.69	6.29	7.59	7.30	6.01
베트남	0.07	0.15	0.17	0.39	4.63	4.67	3.16	3.66

자료: OECD Tiva database

났다. 아울러 미국과의 관계를 보면 전방참여도 지수와 후방참여도 지수가 지속적으로 감소하고 있어서 글로벌 가치사슬에서의 관계는 얕아지고 있음을 알 수 있다.

〈표 2-31〉은 중국의 주요 국가별 글로벌 가치사슬 참여도 지수를 나타내고 있다. 먼저 한국, 홍콩, 말레이시아, 대만, 태국, 베트남과의 후방참여도 지수가 크게 증가하였음을 알 수 있다. 특히 한국과 대만과의 후방참여도 지수가 큰 폭으로 증가하였다. 또한 홍콩과의 후방참여도 지수가 감소한 것을 제외하면 변화폭은 크지 않으나 대부분의 국가에 대한 전방참여도 지수는 증가한 것으로 나타났다.

〈표 2-31〉 중국의 주요 국가별 글로벌 가치사슬 참여도 지수

(단위: %)

	전방참여도 지수				후방참여도 지수			
	1995	2000	2005	2011	1995	2000	2005	2011
일본	0.75	0.79	1.07	0.98	0.22	0.42	1.30	2.16
한국	0.80	0.88	1.21	1.50	0.76	1.16	2.91	4.74
미국	1.37	1.68	1.49	1.57	0.25	0.45	0.99	1.63
홍콩	1.37	0.54	0.35	0.34	3.78	2.73	3.78	5.31
인도네시아	0.10	0.14	0.14	0.14	0.25	0.59	1.17	1.25
말레이시아	0.27	0.50	0.71	0.61	0.59	1.18	3.50	4.54
필리핀	0.07	0.08	0.10	0.09	0.41	0.71	1.96	2.41
싱가포르	0.40	0.44	0.31	0.43	0.66	1.19	1.91	3.08
대만	0.60	0.56	0.77	0.84	0.70	0.94	2.84	4.90
태국	0.25	0.26	0.35	0.51	0.52	0.97	2.36	4.04
베트남	0.04	0.10	0.18	0.31	0.82	1.58	3.95	6.33

자료: OECD Tiva database

제3장

부가가치 수출과 비교우위

1. 글로벌 생산네트워크의 등장

글로벌 생산네트워크 또는 글로벌 가치사슬(global value chains)의 등장과 심화는 오늘날 국제경제 현상에서 가장 뚜렷한 특징으로 꼽힌다. 과거와는 달리 오늘날 많은 재화는 다수 국가에서 생산된 중간재 및 부품으로 구성되어 있다. 이는 생산 과정의 상당 부분이 이제 더 이상 일국에서만 이루어지는 것이 아니라 여러 단계로 분리되고 또한 각각의 생산 과정이 여러 국가에서 이루어지고 있기 때문이다. 이로 인해 일국의 총수출은 해당 국가에서 창출된 부가가치(value added)만으로 구성되어 있는 것이 아니라, 수입된 중간재 또는 부품을 포함하고 있기 때문에 외국에서 창출된 부가가치를 포함할 뿐만 아니라, 자국에서 수출된 중간재가 해외에서 일정한 가공을 거쳐 국내에 재수입되어 추가적인 생산 후 다시 수출되는 경우도 허다하다. 그러므로 공식 통계로 집계되는 총수출은 소위 이중계산(double-counting)의 문제를 갖고 있다.

글로벌 가치사슬이 심화되면서 국가 정책은 총액기준의 수출규모를 증가시키는 것보다 수출의 부가가치를 증가시키는 것이 더 중요하게 되었다. 국내부가가치가 높을수록 고용, 경제성장 등 국내경제의 성과가 높아지기 때문에 산업의 경쟁력을 제고하여 고부가가치 제품 위주로 산업을 고도화하는 것이 국가 정책의 핵심 과제가 된다. 산업의 경쟁력은 흔히 비교우위와 동의어로 사용되고 있는데, 이 장에서는 글로벌 가치사슬이 심화되는 상황에서 산업의 비교우위를 분석한다. 특히 수출에 외국의 부가가치가 포함되는 글로벌 가치사슬 구조하에서의 비교우위는 전통적인 양적 수출 규모가 아니라 부가가치 수출을 기준으로 분석할 필요가 있다.

비교우위는 전통적 무역이론인 리카도 모형으로 거슬러 올라간다. 리카도 모형은 각 국가는 생산성이 높은 산업에 비교우위(comparative advantage)를 갖고 그 산업의 재화를 수출한다고 예측하고 있다. 그런데 최근 활발하게 이루어지고 있는 리카도 모형의 타당성에 대한 선행 연구는 글로벌 생산네트워크의 심화라는 국제경제의 환경변화를 반영하지 않고 있다. 산업 차원에서 국가 간 생산성의 차이가 비교우위를 결정한다는 리카도 모형의 이론적 근거는 Eaton and Kortum(2002)에 의해 제시되었고, 최근 Costinot *et al.*(2012)은 이를 더욱 발전시켜 엄밀한 실증분석모형을 설정할 수 있는 이론적 틀을 제시하고 있다. 이러한 이론적인 측면에서의 발전에도 불구하고 리카도 모형의 타당성을 검증하는 실증연구는 여전히 산업 차원에서의 총수출(gross exports at the industy level)을 종속변수로 설정하고 있다.

Grossman and Rossi-Hansberg(2007)도 지적하듯이, 총수출은 주된 무역이 최종재로 이루어지던 과거에는 수출 성과(export performance)를 나타내는 통계로 적합하였으나, 많은 중간재가 여러 국경을 넘나드는 글로벌 생산네트워크가 심화된 국제환경에서는 일국의 수출 성과를 적절히 나타내지 못한다. 그러므로 여러 외국의 부가가치를 포함하고 있는 총수출은 일국의 국내생산을 적절히 반영하기 어렵고, 리카도 모형에서 제시하는 비교우위의 타당성을 검정하는 데 적합하지 않다.

이러한 총수출이 갖고 있는 이중계산의 문제를 해결하기 위해서는 총수출을 직접 국내부가가치(direct domestic value added), 간접 국내부가가치(indirect domesti value added), 환류부가가치(value added that returns home) 등 여러 부가가치의 구성요인으로 분해해야 한다. 이 장에서는 수출 성과를 총수출로 측정하는 기존 연구와는 달리 부가가치 수출로 측정하고, 리카도의 예측이 아시아 국가에서 여전히 유효한지를 검증한다. 여기에서는 세계투입산출표를 바탕으로 1995-2011년 기간 전 세계 40개국 14개 제조업의 양자 간 총수출을 각종 부가가치로 분해한 자료를 이용한다.

리카도 비교우위의 타당성을 검증하는 연구는 MacDougall(1951), Stern(1962), Balassa(1965)로 거슬러 올라간다. 이들 과거 연구는 산업 차원에서 국가 간 생산성의 차이와 이로 인한 비교우위의 결정에 대한 명확한 이론적 근거에 기초한 실증분석이 아니기 때문에 수출과 생산성의 단순한 관계를 밝히는 데 그치고 있다. 앞서 언급했듯이 산업 차원에서 국가 간 생산성의 차이가 비교우위를 결정한다는 이론적 근거는 Eaton and Kortum(2002)에 의해 제시되었고, 그 이후 산업 차원에서 리카도 모형을 검증하는 실증분석이 본격화되었다. 이에 속하는 연구로는 Bombardini *et al.*(2012), Burstein and Vogel(2010), Kerr(2013), Levchenko and Zhang(2016), 그리고 Morrow(2010) 등을 들 수 있다.

생산네트워크 형성 및 심화의 파급효과를 분석한 연구로는 Johnson and Noguera(2012b), Choi and Park(2018a), 최낙균·한진희(2013), 최낙균·김영귀(2014) 등을 들 수 있다. Johnson and Noguera(2012b)는 글로벌 생산네트워크가 형성된 주된 동인으로 지역무역협정의 역할에 주목하고 있고, Choi and Park(2018a)은 글로벌 가치사슬이 심화된 상황에서 리카도 모형에서 제시하는 비교우위가 유효한지를 분석하고 있다. 그러나 이 장에서는 전 세계 국가를 대상으로 분석하고 있고, 분석방법에서 1차 차분을 이용함으로써 수준변수가 갖고 있는 정보를 충분히 이용하지 못하고 있다. 최낙균·한진희(2013)는 1996-2009년 기간 중 15개국 20개 산업에 대해 세계투입산출표를 이용하여 시기별·국가별·산업별로 무역의 고용 및 부가가치 유발효과를 분석하고 있다. 최낙균·김영귀(2014)는 동아시아의 가치사슬구조를 국가별 및 산업별로 분석하고, 부가가치 기준 원산지규정에 따른 동아시아 FTA 협상의 시나리오별 경제적 효과를 분석하고 있다.

이러한 선행 연구와는 달리 이 장에서는 아시아 국가를 대상으로 부가가치 수출로 수출 성과를 측정하여 리카도 모형에서 제시하는 비교우위가 무역 패턴을 결정한다는 가설이 유효한지를 분석한다. 특히 Choi and Park(2018a)과는 달리 아시아 국가만의 특징을 고려하기 위해 아시아 국가의 산업별 부가가치 수출을 대상으로 하고, 수준 변수가 갖는 정보를 충분히 활용함으로써 분석방법에서 차이가 있다.

이 연구를 시작할 때 Tiva Database 및 세계투입산출표가 1995-2011년까지의 데이터를 제공하였는데, 연구가 종료될 시점에 2014년까지 연장된 세계투입산출표가 출시되었다. 글로벌 가치사슬 참여를 비롯하여 이 장에서 분석한 부가가치 수출과 비교우위를 비롯하여 제4장과 제5장의 주요 내용을 재분석하기에는 너무 방대한 분량이어서 연장된 기간을 불가피하게 포함하지 못하는 것은 이 연구의 한계점이다. 모든 내용을 다시 분석하지는 못하지만 글로벌 생산네트워크 및 글로벌 가치사슬과 관련하여 관심이 높아지고 있는 부가가치 사슬 참여(global value chain participation)가 부가가치 수출로 측정한 비교우위에 미치는 영향을 2014년까지 연장된 세계투입산출표를 이용하여 추가 분석한다.

이 장의 나머지는 다음과 같이 구성되어 있다. 먼저 리카도 비교우위의 타당성을 검증하기에 앞서 오랫동안 비교우위를 측정하는 데 널리 활용된 현시비교우위지수를 이용하여 국가별·산업별 비교우위를 비교분석한다. 또한 현시비교우위지수의 문제점을 살펴보고, 그 대안으로서 대칭적 현시비교우위지수를 소개한다. 현시비교우위지수와 대칭적 현시비교우위지수를 활용하여 총수출과 부가가치 수출로 비교우위를 측정하였을 때 어떤 차이가 발생하는지 살펴본다. 제3절에서는 리카도 비교우위의 타당성을 검증하기 위한 실증분석모형, 제4절에서는 다양한 국가 그룹별 분석 결과를 제시한다.

2. 현시비교우위지수

비교우위를 측정하는 방법으로 현시비교우위지수(Revealed Comparative Advantage, RCA)를 비롯하여 무역특화지수 등을 들 수 있다. 이 장에서는 현시비교우위지수와 무역특화지수를 이용하여 주요 국가의 산업별 비교우위를 측정한다.

현시비교우위지수는 다음과 같이 측정한다.

$$RCA_{jk} = \frac{EX_{jk}/EX_j}{EX_{wk}/EX_w} \qquad (3\text{-}1)$$

여기서 EX는 수출규모, j는 국가, k는 산업, w는 세계시장을 의미하는데, 분모는 세계시장에서 차지하는 k산업의 비중이고 분자는 j국의 수출에서 차지하는 k산업의 비중이다. 다시 말해서 j국 k산업의 수출비중을 세계시장에서 차지하는 k산업의 비중에 비교한다.

식 (3-1)이 현시비교우위지수를 측정할 때 널리 사용되고 있으나 경제 및 수출규모에 따라 수치의 크기가 영향을 받는다는 단점이 있다. 최낙균·박순찬(2015)은 다음의 예를 들고 있다. 세계시장의 규모(EX_w)가 1,000이고 세계 k산업의 시장규모(EX_{wk})는 200이라고 하자. j

국 수출규모(EX_j)는 500, j국 k제품에 대한 수출규모(EX_{jk})는 100이며, h국 수출규모(EX_h)는 200, h국 k제품에 대한 수출규모(EX_{hk})는 100이라고 하자. 이 경우에 j국과 h국은 k산업의 세계시장을 독점하는 동일한 경쟁력을 가지고 있다. 그러나 RCA를 계산해보면, RCA_{kj}는 1.0인 반면 RCA_{jk}는 2.5로 나타난다. j국과 h국은 특정 산업에서 실제로는 동일한 비교우위를 가지고 있지만 수출규모와 수출제품 구성의 차이에 따라 RCA가 다르게 나타나는 문제점이 있다.

이렇듯 특정제품에 특화하는 경우에 현시비교우위지수가 무한대의 값이 될 수도 있다. 이에 따라 Dalum *et al.*(1996), Brasili *et al.*(1999) 등은 현시비교우위지수의 특성을 유지하면서 극단적인 값을 가지지 않도록 다음과 같이 현시비교우위지수를 변환하고 있다.[1]

$$RSCA_{jk} = (RCA_{jk} - 1)/(RCA_{jk} + 1) \qquad (3\text{-}2)$$

대칭적 현시비교우위지수(Revealed Symmetric Comparative Advantage, RSCA)는 RCA가 0이면 -1의 값을 가지며 무한대이면 1의 값을 가지게 된다. RSCA는 -1부터 0까지의 값과 0부터 1까지의 값에 동일한 비중을 부여할 수 있으며 정규분포와 유사한 분포를 가지므로 통계적으로 유용하다는 장점이 있다.[2] 이 장에서는 제조업을 대상으로 RSCA를 이용하여 국가별 및 산업별 비교우위를 측정한다.

〈표 3-1〉은 한국, 일본, 중국과 미국의 산업별 비교우위를 식(3-2)의 대칭적 현시비교우위지수로 측정한 결과를 제시하고 있다. 각 국가의 산업별 비교우위를 총수출과 부가가치 수출을 기준으로 각각

1 최낙균 외(2010), p.43 참조.

2 RSCA의 여러 장점에 대해서는 최낙균 외(2010), p.43 참조.

〈표 3-1〉 주요 국가의 현시비교우위지수 I (2011년 기준)

	한국		일본		중국		미국	
	총액	부가가치	총액	부가가치	총액	부가가치	총액	부가가치
금속철강	0.14	0.13	0.08	0.11	-0.03	0.03	-0.33	-0.34
화학	0.07	0.02	0.00	0.00	-0.20	-0.24	0.09	0.12
석유 및 정유	0.35	-0.04	-0.47	-0.62	-0.54	-0.53	0.19	0.21
전기전자	0.35	0.45	0.25	0.35	0.46	0.41	-0.17	-0.05
기계	0.09	0.13	0.32	0.36	0.13	0.18	0.05	0.03
종이펄프	-0.43	-0.36	-0.56	-0.55	-0.33	-0.43	0.40	0.41
고무·플라스틱	-0.01	0.05	0.14	0.17	0.14	0.15	-0.16	-0.12
섬유	-0.16	-0.09	-0.61	-0.63	0.55	0.59	-0.49	-0.49
운송장비	0.38	0.47	0.36	0.43	-0.22	-0.12	0.08	0.07
목재	-0.94	-0.93	-0.97	-0.97	0.09	0.04	-0.28	-0.28
농림 수산업	-0.91	-0.89	-0.93	-0.94	-0.57	-0.51	0.19	0.15
음식료품	-0.59	-0.56	-0.84	-0.84	-0.38	-0.35	-0.07	-0.08
광업	-1.00	-1.00	-0.99	-0.99	-0.92	-0.93	-0.70	-0.76
기타 제조업	-0.82	-0.79	-0.18	-0.18	0.38	0.45	0.28	0.30
전기·수도·가스	-0.93	-0.94	-1.00	-1.00	-0.89	-0.85	-0.76	-0.74
건설	-0.78	-0.75	-0.29	-0.28	-0.17	-0.06	-0.48	-0.48
금융	-0.46	-0.31	-0.43	-0.43	-0.95	-0.94	0.33	0.34
도소매	-0.17	-0.08	0.17	0.14	0.06	0.14	-0.04	-0.07
운송창고	-0.14	-0.10	0.05	0.05	-0.28	-0.17	0.03	0.03
부동산	-0.23	-0.11	-0.49	-0.50	-0.28	-0.22	0.29	0.28

자료: OECD Tiva database(검색일: 2018. 1. 26.)를 이용하여 저자가 작성

측정하였다. 총액을 기준으로 비교우위를 측정하였을 때와 부가가치를 기준으로 측정하였을 때 지수의 절댓값 차이는 크지 않으나 산업별 순위로 보면 작지 않은 차이를 보이고 있다. 아울러 부호가 반대로 바뀐 산업도 존재하는데, 한국의 석유 및 정유 산업의 경우 총액을 기준으로 비교우위를 측정하면 양(+)의 부호를 나타냈으나, 부가가치를 기준으로 측정하면 음(-)의 부호를 보이고 있다. 또한 한국의 고무·플라스틱 산업은 총액을 기준으로 측정하면 비교열위에 있는 것으로 분석되었으나, 부가가치를 기준으로 측정하면 대칭적 현시비교우위지수가 양(+)으로 바뀌어 약하지만 비교우위를 보이고 있다. 또한 중국의 금속 및 철강 산업도 총액과 부가가치를 기준으로 측정하면 부호가 바뀌는 경우에 해당한다.

한국은 전기전자 산업과 운송장비 산업에서 높은 비교우위를 나타냈고, 대부분의 서비스 산업은 비교열위를 보이고 있다. 중국은 섬유 산업과 기타제조업에서 강한 비교우위에 있는 것으로 분석되었고, 도소매를 제외하면 대부분의 서비스 산업은 비교열위에 있는 것으로 나타났다. 또한 미국은 종이펄프 산업과 금융업에서 강한 비교우위를 보이고 있다.

〈표 3-2〉는 홍콩, 인도, 인도네시아와 대만의 2011년 산업별 비교우위를 측정한 결과를 나타내고 있다. 홍콩은 금융업, 도소매업과 운송창고 산업에서 비교우위를 보이고 있고, 인도는 기타제조업, 석유 및 정유 산업에서 높은 비교우위를 나타내고 있다. 인도네시아는 목재, 농림수산업과 광업에서 비교우위를 지키고 있고, 금융업은 뚜렷한 비교열위를 보이고 있다. 대만의 경우 전기전자 산업이 비교우위를 지니고 있는 것으로 나타났고, 도소매를 제외한 대부분의 서비스 산업에서는 비교열위에 있는 것으로 나타났다. 또한 대만의 석유 및 정유 산업의 경우 총액을 기준으로 비교우위를 측정하면 양(+)의 부호를 나타

〈표 3-2〉 주요 국가의 현시비교우위지수 II (2011년 기준)

	홍콩		인도		인도네시아		대만	
	총액	부가가치	총액	부가가치	총액	부가가치	총액	부가가치
금속철강	-0.68	-0.80	-0.22	-0.27	-0.07	-0.08	0.12	0.04
화학	-0.75	-0.80	-0.06	-0.04	-0.16	-0.16	0.17	0.07
석유 및 정유	-0.99	-0.99	0.44	0.33	-0.32	-0.17	0.05	-0.26
전기전자	-0.84	-0.85	-0.52	-0.47	-0.33	-0.30	0.55	0.63
기계	-0.78	-0.81	-0.44	-0.46	-0.54	-0.63	-0.01	-0.07
종이펄프	-0.81	-0.83	-0.64	-0.65	0.22	0.15	-0.52	-0.52
고무·플라스틱	-0.84	-0.85	-0.17	-0.14	-0.03	-0.02	0.20	0.20
섬유	-0.22	-0.30	0.27	0.31	0.25	0.23	-0.11	-0.09
운송장비	-0.96	-0.96	-0.34	-0.32	-0.57	-0.57	-0.45	-0.41
목재	-0.97	-0.97	-0.88	-0.88	0.49	0.49	-0.81	-0.81
농림 수산업	-0.92	-0.94	0.01	0.06	0.48	0.46	-0.76	-0.74
음식료품	-0.64	-0.69	0.02	0.07	0.45	0.45	-0.66	-0.62
광업	-1.00	-1.00	-0.74	-0.74	0.49	0.43	-1.00	-1.00
기타 제조업	-0.34	-0.46	0.58	0.50	-0.29	-0.30	-0.50	-0.47
전기·수도·가스	-0.96	-0.96	-0.86	-0.86	-1.00	-1.00	-0.98	-0.99
건설	0.18	0.16	0.17	0.16	-0.22	-0.28	-0.65	-0.66
금융	0.67	0.68	-0.60	-0.57	-0.87	-0.87	-0.61	-0.47
도소매	0.27	0.22	0.02	0.05	0.10	0.04	0.03	0.17
운송창고	0.70	0.67	0.24	0.24	-0.34	-0.39	-0.17	-0.13
부동산	-0.02	-0.06	0.40	0.39	-0.71	-0.73	-0.54	-0.44

자료: OECD Tiva database(검색일: 2018. 1. 26.)를 이용하여 저자가 작성

냈으나, 부가가치를 기준으로 측정하면 음(-)의 부호로 바뀌어 비교열위에 있는 것으로 분석되었다.

〈표 3-3〉은 말레이시아, 필리핀, 태국과 베트남의 산업별 비교우위를 대칭적 현시비교우위지수로 측정한 결과를 나타내고 있다. 이들 국가는 공통적으로 목재 산업에서 비교우위에 있는 것으로 분석되었다. 말레이시아는 그 외에 음식료품과 건설업에서 비교우위를 보이고 있고, 필리핀은 전기전자 산업이 비교우위를 나타내고 있다. 태국과 베트남의 음식료품 산업은 높은 비교우위를 보이고 있다. 한편, 베트남의 전기전자 산업은 총액을 기준으로 비교우위를 측정하면 양(+)의 부호를 나타냈으나, 부가가치를 기준으로 측정하면 음(-)의 부호를 보이고 있다.

〈표 3-3〉 주요 국가의 현시비교우위지수 III (2011년 기준)

	말레이시아		필리핀		태국		베트남	
	총액	부가가치	총액	부가가치	총액	부가가치	총액	부가가치
금속철강	-0.25	-0.33	-0.23	-0.29	-0.13	-0.31	-0.18	-0.39
화학	-0.12	-0.07	-0.42	-0.43	0.00	0.04	-0.50	-0.66
석유 및 정유	0.06	0.19	-0.55	-0.65	-0.06	-0.12	-0.31	-0.36
전기전자	0.44	0.30	0.42	0.49	0.13	0.01	0.10	-0.14
기계	-0.48	-0.53	-0.67	-0.67	0.05	-0.07	-0.52	-0.73
종이펄프	-0.26	-0.23	-0.50	-0.51	0.23	0.19	-0.52	-0.56
고무·플라스틱	0.27	0.34	-0.26	-0.26	0.38	0.44	0.15	-0.02
섬유	-0.44	-0.49	-0.16	-0.10	-0.08	0.04	0.58	0.59
운송장비	-0.74	-0.76	-0.26	-0.30	-0.01	-0.08	-0.61	-0.68
목재	0.47	0.56	0.50	0.52	0.17	0.29	0.48	0.44

	말레이시아		필리핀		태국		베트남	
	총액	부가가치	총액	부가가치	총액	부가가치	총액	부가가치
농림 수산업	0.00	0.10	-0.02	0.00	0.40	0.47	0.55	0.61
음식료품	0.40	0.44	0.17	0.22	0.41	0.49	0.52	0.57
광업	-0.03	0.05	-0.58	-0.63	-0.88	-0.87	-0.05	0.00
기타 제조업	0.00	-0.06	-0.39	-0.36	0.14	0.05	0.31	0.32
전기·수도·가스	-0.97	-0.96	-1.00	-1.00	-0.53	-0.52	-0.87	-0.83
건설	0.29	0.27	-0.08	-0.08	-0.11	-0.19	-0.01	-0.09
금융	-0.48	-0.36	-0.48	-0.45	-0.77	-0.71	-0.77	-0.72
도소매	0.00	0.08	-0.02	-0.02	0.07	0.16	0.06	0.10
운송창고	-0.09	-0.07	0.41	0.39	0.05	0.09	0.02	0.05
부동산	-0.28	-0.20	0.23	0.19	-0.49	-0.44	-0.68	-0.64

자료: OECD Tiva database(검색일: 2018. 1. 26.)를 이용하여 저자가 작성

3. 비교우위 검증을 위한 실증분석모형과 데이터

최근 Costinot *et al.*(2012)은 Eaton and Kortum(2002)을 더욱 발전시켜 엄밀한 실증분석모형을 설정할 수 있는 이론을 제시하고 있다. 이 장에서는 Costinot *et al.*(2012)의 실증분석모형에 근거하여 리카도 모형의 비교우위가 타당성을 갖는지 검증한다.

Costinot *et al.*(2012)이 제시하는 실증분석모형은 다음과 같이 표현된다.

$$\ln y_{jc}^{k} = \alpha_{jc} + \alpha_{c}^{k} + \beta \ln z_{j}^{k} + e_{jc}^{k} \qquad (3\text{-}3)$$

j는 수출국, c는 수입국, k는 산업을 나타내며, y는 수출 성과를 가리키는데 총수출(gross exports, 이하 GX), 또는 총국내부가가치 수출(TDVX)이다. 또한 z는 노동생산성이다. α_{jc}는 수출국-수입국 고정효과이며, α_c^k는 수입국-산업 고정효과이다. 고정효과 α_{jc}와 α_c^k를 포함함으로써 관찰할 수 없는 수출국-수입국 및 수입국-산업 고유의 특징을 통제할 수 있다.

식 (3-3)을 이용한 추정은 시간을 포함하지 않기 때문에 횡단면 분석(cross-sectional analysis)이다. 이 장에서는 1995-2009년 기간의 패널 데이터를 분석하기 때문에 우선 식 (3-3)을 확장하여 식 (3-4)와 같이 시간을 포함한다.

$$\ln y_{jct}^k = \alpha_{jct} + \alpha_{ct}^k + \beta \ln z_{jt}^k + e_{jct}^k \qquad (3\text{-}4)$$

식 (3-4)에는 시간불변(time-invariant) 수출국-수입국 고정효과와 수입국-산업 고정효과가 아니라 시간에 따라 변동하는 시간변동 수출국-수입국 고정효과(α_{jct})와 수입국-산업 고정효과(α_{ct}^k)가 포함되어 있다. α_{jct}는 시간의 흐름에 따라 변화하는 수출국과 수입국의 모든 관찰할 수 없는 특징을 통제하기 때문에 누락변수로 인해 발생 가능한 편의를 제거할 수 있다. 또한 α_{ct}^k는 관세율, 비관세장벽 및 산업 성장 등 시간변동에 따른 수입국 각 산업의 모든 변화를 통제한다.

그러나 식 (3-4)가 α_{jct} 및 α_{ct}^k의 두 가지 고정효과를 포함하고 있지만 이 장의 연구에서 종속변수는 4차원의 지수(j, c, t, k)를 가지고 있는 고도 차원의 데이터(high dimensional data)여서 여전히 추정에 편의가 발생할 가능성을 배제할 수 없다. 추정의 편의 발생 가능성을 통제하기 위해 문헌에서는 다양한 고정효과모형(fixed effects model)을 제안하고 있다. 예를 들어 3차원의 종속변수 y_{jct}의 경우, Matyas(1997)는 α_j, α_c와

α_t의 고정효과모형을 제안하고 있고, Baltagi *et al.*(2003), 그리고 Baier and Bergstrand(2007)는 2개의 시간변동 고정효과모형인 α_{jt}와 α_{ct}를 포함할 것을 제안하고 있다. 이 장에서와 같이 4차원의 지수를 가진 종속변수인 경우 다양한 고정효과모형을 고려할 수 있다. 그러나 이 장 연구의 패널데이터를 보면, 일정 시점에서 수출국 산업의 생산성 수준은 모든 수입국에 동일하다. 즉 수입국 입장에 동일하게 적용되는 공통의 충격(common shock)과 같은 효과를 지닌다. 이러한 데이터의 특징을 반영하여 이 장에서는 수출국-산업 고정효과를 포함하는 다음과 같은 실증분석 모형을 고려한다.

$$\ln y_{jc}^{k} = \alpha_{j}^{k} + \alpha_{jct} + \alpha_{ct}^{k} + \beta \ln z_{jt}^{k} + e_{jct}^{k} \tag{3-5}$$

또한 식 (3-5)가 3개의 고정효과모형을 포함하고 있으나, 여전히 편의의 발생 가능성이 존재한다. Costinot *et al.*(2012)이 지적하였듯이, 생산성 측정의 오류(measurement error)와 동시성(simultaneity)으로 인한 내생성(endogeneity)의 문제가 생길 수 있다. 이러한 내생성의 문제를 해결하는 방법은 도구변수(instrumental variable)를 사용하는 것이다. Eaton and Kortum(2002), Griffith *et al.*(2004), Costinot *et al.*(2012)은 연구개발(R&D) 투자를 기술의 함수로 설정하고 있다. 이에 따라 이 장에서도 각 국가의 산업별 연구개발 투자를 도구변수로 설정한다. 이 장에서는 식 (3-4)와 (3-5)를 실증분석모형으로 이용하고, 분석 방법은 최소자승법(OLS)과 도구변수 회귀분석(IV regression) 두 가지를 적용한다.[3]

3 내생성이 발생하는 요인은 누락변수, 동시성과 측정오류의 세 가지로 구분된다(Wooldridge, 2002, pp. 50-51). 이 연구에서는 다양한 고정효과모형을 적용하여 누락변수의 편의를 통제하고 도구변수를 이용하여 동시성과 측정

앞에서 아세안 국가에 대한 분석을 위해 OECD Tiva database를 이용하였다. 비교우위를 검증하기 위해서는 생산성을 도출하기 위한 노동과 자본에 대한 데이터가 필요한데, Tiva database는 이를 제공하지 않고 있다. 그러므로 이 장에서는 세계투입산출표(world input-output table)와 사회경제계정(socioeconomic accounts)을 이용한다. 세계투입산출표는 1995-2011년 기간의 산업별 생산, 수출 등에 대한 데이터를 제공하고 있는 데 반해, 노동생산성의 산출에 필요한 데이터를 제공하고 있는 사회경제계정은 1995-2009년 기간에 한정되어 있기 때문에 이 장에서의 실증분석 기간도 1995-2009년에 한정한다. 또한 세계투입산출표와 사회경제계정은 말레이시아, 필리핀, 싱가포르, 태국 및 베트남에 대한 데이터를 제공하지 않기 때문에 이들 아세안 국가는 제외된다. 또한 서비스의 무역이 증가하고 있으나 국가별 수출입 통계가 일치하지 않는 등 아직 데이터의 구축이 제조업에 비해 완전하지 않기 때문에 비교우위의 검증에서는 제조업만을 분석한다.

연구개발에 대한 데이터는 Analytical Business Enterprise Research and Development(ANBERD)에서 구했으며, 상대적 노동생산성(relative labor productivity)은 Inklaar and Timmer(2008)에 따라 *LP_SO*와 *LP_VA*로 명명한 다음 두 가지로 측정하는데, 이 장에서는 분석 기간이 1995-2009년이기 때문에 1995년을 기준년도로 설정한다. 먼저 *LP_SO*는 각 국가의 산업 생산(sectoral output, Q^{SO})을 투입된 노동시간(H)으로 나누고, 이를 다시 1995년 미국의 해당 비율로 나눈 것이다.

$$LP\_SO_{jt} = \frac{Q^{SO_{jt}} / H_{jt}}{Q^{SO}_{US1995} / H_{US1995}} \qquad (3\text{-}6)$$

오류를 통제한다.

LP_SO와 유사하게 LP_VA는 산업의 생산물을 부가가치(sectoral value added, Q^{VA})를 기준으로 측정하고 이를 투입된 노동시간으로 나누어 측정한다. 이 또한 미국과의 상대적 비율로 측정한다.

$$LP\_VA_{jt} = \frac{Q^{VA_{jt}}/H_{jt}}{Q^{VA}_{US1995}/H_{US1995}} \tag{3-7}$$

4. 분석 결과

이 장의 연구는 아시아 지역의 비교우위를 검증하는 데 일차적인 목적이 있으나, 전 세계 차원에서의 비교우위를 검증하는 것도 유의미하기 때문에 먼저 전 세계 국가를 대상으로 리카도 모형의 타당성을 검증한 후에 아시아 지역, 그리고 좀 더 좁혀서 한중일 및 그 외 아시아 국가를 분석한다.

4.1 전 세계 분석 결과[4]

전 세계 40개국 14개 제조업을 대상으로 비교우위의 타당성을 검증한다. 〈표 3-4〉는 분석에 사용된 전 세계 40개국 14개 제조업의 주요 변수에 대한 통계를 요약하고 있다.[5]

비교우위의 타당성을 검증하는 대부분의 선행 연구와 같이 산업별 총수출(gross exports)을 종속변수로 설정하여 OLS로 분석한 결과는 〈표 3-5〉에 제시되어 있다. 모든 모형에 시간변동 수출국-수입국 고

4 전 세계를 대상으로 분석한 결과는 Choi and Park(2018a)에서 재인용하였다.

5 40개국, 14개 제조업에 대해서는 〈부표 10〉 참조.

〈표 3-4〉 전 세계 40개국 14개 제조업의 기초 통계

변수	관측치	평균	표준편차	최소	최대
ln(GX)	370,754	2.74	2.34	0.00	12.08
ln(TDVX)	370,754	2.58	2.09	0.00	10.98
ln(VAX)	370,754	2.57	2.08	0.00	10.93
ln(DVX)	370,754	2.25	2.06	0.00	10.77
ln(LP_SO)	325,645	-0.98	1.60	-7.60	2.84
ln(LP_VA)	325,645	-1.08	1.64	-7.82	2.91
ln(R&D)	182,776	4.36	2.66	-6.21	11.80

〈표 3-5〉 총수출과 비교우위(OLS 분석)

종속변수 : ln(GX)	모형 (1)	모형 (2)	모형 (3)	모형 (4)
산출물로 측정한 노동생산성의 로그값	0.333 (0.004)a	-	0.219 (0.006)a	-
부가가치로 측정한 노동생산성의 로그값	-	0.399 (0.004)a	-	0.162 (0.006)a
시간변동 수출국-수입국 고정효과	포함	포함	포함	포함
시간변동 수입국-산업 고정효과	포함	포함	포함	포함
수출국-산업 고정효과	미포함	미포함	포함	포함
관측치	325,645	325,645	325,645	325,645
Adj. R-sq.	0.49	0.50	0.71	0.71

주) a는 1% 수준에서의 유의도를 나타내며, 괄호 안의 숫자는 표준편차를 나타냄.

정효과(time varying exporter-importer fixed effects)와 시간변동 수입국-산업 고정효과(time varying importer-industry fixed effects)를 적용하였다. 모형 (1)과 (2)는 수출국-산업 고정효과(exporter-industry fixed effects)를 포함하지 않은 경우이고 모형 (3)과 (4)는 수출국-산업 고정효과를 포함한 결과를 나타낸다.

모형 (1)은 산업별 산출물(sectoral output)을 기준으로 노동생산성

을 측정하였는데, 그 계숫값은 양(+)의 부호를 보이고 1% 수준에서 유의하게 나타났다. 모형 (2)는 산업별 부가가치를 기준으로 노동생산성을 측정하였으며 계숫값은 역시 양(+)의 부호를 보이고 1% 수준에서 유의하게 나타났다. 수출국-산업 고정효과를 포함한 모형 (3)과 (4)에서도 노동생산성의 계숫값은 양(+)의 부호를 나타냈고 1% 수준에서 유의하게 분석되었다. 아울러 수출국-산업 고정효과를 포함할 경우 모형의 설명력을 나타내는 Adj. R-sq.(Adjusted R-squared)가 모형 (1)과 (2)에 비해 높아졌다.

이러한 결과는 총수출을 종속변수로 설정한 선행 연구에서와 동일하다. 그러므로 생산성이 높은 국가의 산업이 총수출을 더 많이 한다는 리카도 모형의 예측은 전 세계 40개국 14개 제조업에서도 확인되었다.

〈표 3-6〉은 산업별 총수출이 아니라 해당 국가의 산업별 부가가치 수출을 종속변수로 설정하여 리카도 모형을 검증한 결과를 나타내고 있다. 〈표 3-5〉에서와 같이 OLS를 이용하여 분석하였다. 모든 모형에 시간변동 수출국-수입국 고정효과와 시간변동 수입국-산업 고정효과를 적용하였다. 모형 (1)과 (2)는 수출국-산업 고정효과를 포함하지 않은 경우이고 모형 (3)과 (4)는 수출국-산업 고정효과를 포함한 결과를 나타낸다. 아울러 수출국-산업 고정효과를 포함한 모형 (3)과 (4)에서 모형의 설명력이 훨씬 더 높아짐을 알 수 있다.

모든 모형에서 노동생산성의 계숫값은 양(+)의 부호를 보이고 1% 수준에서 유의하게 나타났다. 이는 총수출이 아닌 부가가치로 수출을 측정하더라도 비교우위를 지닌 산업이 수출한다는 리카도 모형의 예측이 적절하다는 것을 의미한다. 이러한 분석 결과를 통해 글로벌 가치사슬이 심화되면서 각각의 생산 과정이 지리적으로 분리되어도 비교우위의 가설은 성립한다는 것을 알 수 있다.

〈표 3-6〉 총부가가치 수출과 비교우위(OLS 분석)

종속변수: ln(TDVX)	모형 (1)	모형 (2)	모형 (3)	모형 (4)
산출물로 측정한 노동생산성의 로그값	0.398 (0.003)a	-	0.172 (0.005)a	-
부가가치로 측정한 노동생산성의 로그값	-	0.388 (0.003)a	-	0.170 (0.005)a
시간변동 수출국-수입국 고정효과	포함	포함	포함	포함
시간변동 수입국-산업 고정효과	포함	포함	포함	포함
수출국-산업 고정효과	미포함	미포함	포함	포함
관측치	325,645	325,645	325,645	325,645
Adj. R-sq.	0.57	0.57	0.73	0.73

주) a는 1% 수준에서의 유의도를 나타내며, 괄호 안의 숫자는 표준편차를 나타냄.

〈표 3-7〉 총수출과 비교우위(도구변수 회귀분석)

종속변수: ln(GX)	모형 (1)	모형 (2)	모형 (3)	모형 (4)
산출물로 측정한 노동생산성의 로그값	14.88 (0.355)a	-	4.656 (0.298)a	-
부가가치로 측정한 노동생산성의 로그값	-	24.35 (0.984)a	-	4.534 (0.301)a
시간변동 수출국-수입국 고정효과	포함	포함	포함	포함
시간변동 수입국-산업 고정효과	포함	포함	포함	포함
수출국-산업 고정효과	미포함	미포함	포함	포함
관측치	174,284	174,284	174,284	174,284
F-statistic	1733.8	603.7	446.8	406.3

주) a는 1% 수준에서의 유의도를 나타내며, 괄호 안의 숫자는 표준편차를 나타냄.

〈표 3-7〉은 총수출을 종속변수로 설정하고 잠재적인 내생성의 문제를 통제하기 위해 OLS 대신에 도구변수 회귀분석을 적용한 결과를 나타내고 있다. 연구개발 투자를 도구변수로 사용하였는데, 이에 대한 국가-산업별 데이터가 누락된 경우가 많아서 관측치가 325,645에서

174,284로 줄어들었다. F-statistic의 결과를 보면 잠재적 내생성이 존재하며 이를 통제하지 않을 경우 추정 계수에 편의가 발생할 수 있음을 알 수 있다. 앞의 분석에서도 동일하게 모든 모형에 시간변동 수출국-수입국 고정효과와 시간변동 수입국-산업 고정효과를 적용하였다. 모형 (1)과 (2)는 수출국-산업 고정효과를 포함하지 않은 경우이고 모형 (3)과 (4)는 수출국-산업 고정효과를 포함한 결과를 나타낸다.

모형 (1)과 (2)를 보면 노동생산성의 계숫값이 매우 크게 나타났으며, 수출국-산업 고정효과를 적용한 모형 (3)과 (4)에서는 계숫값의 크기가 작아졌다. 종속변수를 총수출로 설정한 Costinot *et al.*(2012), Eaton and Kortum(2002) 등의 선행 연구는 생산성의 계숫값을 3.6-6.5로 보고하고 있어서 〈표 3-7〉의 모형 (1)의 계숫값 14.88과 모형 (2)의 24.35는 과대추정된 것임을 알 수 있다. 따라서 이러한 분석 결과는 패널데이터 분석에서 수출국-산업 고정효과를 적용하지 않을 경우 추정 계수에 편의가 발생한다는 것을 시사한다.

수출국-산업 고정효과를 포함한 모형 (3)과 (4)의 계숫값은 약 4.6, 4.5로 나타났는데, 이는 Costinot *et al.*(2012), Eaton and Kortum(2002) 등 선행 연구의 결과와 큰 차이가 없다.

〈표 3-8〉은 총수출 대신에 총부가가치 수출을 종속변수로 설정하고 연구개발(R&D) 투자를 도구변수로 사용하여 도구변수 회귀분석한 결과를 제시하고 있다. 앞에서의 분석에서와 같이 모든 모형에 시간변동 수출국-수입국 고정효과와 시간변동 수입국-산업 고정효과를 적용하였다. 모형 (1)과 (2)는 수출국-산업 고정효과를 포함하지 않은 경우이고 모형 (3)과 (4)는 수출국-산업 고정효과를 포함한 결과를 나타낸다. 또한 F-statistic의 결과는 잠재적 내생성이 존재하며 이를 통제해야 한다는 것을 보여준다.

총수출을 종속변수로 설정한 〈표 3-7〉에서의 분석에서와 같이 수

〈표 3-8〉 총부가가치 수출과 비교우위(도구변수 회귀분석)

종속변수: ln(TDVX)	모형 (1)	모형 (2)	모형 (3)	모형 (4)
산출물로 측정한 노동생산성의 로그값	13.42 (0.318)a	-	4.287 (0.250)a	-
부가가치로 측정한 노동생산성의 로그값	-	21.97 (0.883)a	-	4.174 (0.252)a
시간변동 수출국-수입국 고정효과	포함	포함	포함	포함
시간변동 수입국-산업 고정효과	포함	포함	포함	포함
수출국-산업 고정효과	미포함	미포함	포함	포함
관측치	174,284	174,284	174,284	174,284
F-statistic	1733.8	603.7	446.8	406.3

주) a는 1% 수준에서의 유의도를 나타내며, 괄호 안의 숫자는 표준편차를 나타냄.

출국-산업 고정효과를 적용하지 않을 경우(모형 1과 2), 계숫값이 과대 추정된다. 수출국-산업 고정효과를 적용한 모형 (3)과 (4)의 계숫값은 양(+)의 부호를 보이고 1% 수준에서 유의하게 나타났다. 따라서 부가가치 수출을 대상으로 분석하여도 비교우위를 지닌 산업이 수출하게 된다는 리카도 모형이 여전히 유효하다는 것을 의미한다.

지금까지 전 세계 40개국 14개 제조업을 대상으로 분석하였다. 이는 전 세계 평균적인 결과이며 국가의 성격에 따라 분석 결과가 달라질 가능성을 배제할 수 없다. 이러한 가능성을 검토하기 위해 국가조합을 몇 가지 경우로 분리하여 분석한다. 총부가가치 수출을 종속변수로 설정하였고 연구개발 투자를 도구변수로 사용하여 도구변수 회귀분석을 적용한 결과는 〈표 3-9〉에 제시되어 있다.

먼저 EU 국가만을 대상으로 분석한 결과는 모형 (1)과 (2)에 제시되어 있다. 모형 (1)은 산업별 산출물을 기준으로 노동생산성을 측정한 경우이고, 모형 (2)는 부가가치를 기준으로 노동생산성을 측정한 결과를 나타낸다. 모형 (1)과 (2)에서 노동생산성의 계숫값은 양(+)이

〈표 3-9〉 국가조합별 분석(도구변수 회귀분석)

종속변수: ln(TDVX)	EU		선진국		개도국	
모형	(1)	(2)	(3)	(4)	(5)	(6)
산출물로 측정한 노동생산성의 로그값	0.818 (0.177)a	-	1.871 (0.401)a	-	4.241 (0.457)a	-
부가가치로 측정한 노동생산성의 로그값	-	0.719 (0.155)a	-	1.527 (0.327)a	-	4.429 (0.512)a
시간변동 수출국-수입국 고정효과	포함	포함	포함	포함	포함	포함
시간변동 수입국-산업 고정효과	포함	포함	포함	포함	포함	포함
수출국-산업 고정효과	포함	포함	포함	포함	포함	포함
관측치	47,202	47,202	48,525	48,525	35,496	35,496
F-statistic	946.9	961.6	215.3	230.0	110.5	92.6

주) a는 1% 수준에서의 유의도를 나타내며, 괄호 안의 숫자는 표준편차를 나타냄.

고 1% 수준에서 유의하게 나타났는데, 계숫값의 크기는 크게 줄어들었다.

모형 (3)과 (4)는 선진국만을 대상으로 분석한 결과인데,[6] 노동생산성의 계숫값은 여전히 양(+)이고 1% 수준에서 유의하게 나타났다. 한편 개도국만을 분석한 모형 (5)와 (6)의 결과를 보면, 노동생산성의 계숫값은 양(+)이고 1% 수준에서 유의하다. 그리고 계숫값의 크기는 4 이상으로 전 세계를 대상으로 분석한 결과와 유사하다.

6 선진국과 개도국의 분류는 Subramanian and Wei(2003)에 따르며, EU 12개국(벨기에, 덴마크, 프랑스, 독일, 그리스, 아일랜드, 이탈리아, 룩셈부르크, 네덜란드, 포르투갈, 스페인, 영국)과 미국, 일본, 오스트리아, 핀란드, 노르웨이, 스웨덴, 호주, 캐나다를 선진국으로 분류한다.

4.2 아시아 분석 결과

여기서는 아시아 지역에 속한 국가(한국, 일본, 중국, 인도, 인도네시아, 대만)의 전 세계로의 수출만을 대상으로 리카도 모형의 비교우위 가설의 타당성을 검증한다.

분석에 포함된 주요 변수에 대한 기초 통계는 〈표 3-10〉에 제시되어 있다. 전 세계 40개국 14개 제조업에 대한 기초 통계를 나타낸 〈표 3-4〉와 비교하면 총수출(lnGX), 총부가가치 수출(lnTDVX) 등 주요 변수의 평균은 거의 같으나, 표준편차는 아시아 지역이 더 크다. 이는 아시아 국가 간 편차가 전 세계에 비해 더 크다는 것으로 비교우위 타당성 분석 결과가 전 세계와는 다소 다를 수 있다는 것을 시사한다.

〈표 3-10〉 아시아 지역 통계 요약

변수	관측치	평균	표준편차	최소	최대
ln(GX)	54,803	2.69	3.17	-12.63	12.08
ln(TDVX)	55,692	2.95	2.56	-5.30	10.94
ln(VAX)	55,692	2.94	2.56	-5.30	10.93
ln(DVX)	55,692	2.37	2.84	-13.78	10.76
ln(LP_SO)	49,140	-1.52	1.49	-5.47	2.84
ln(LP_VA)	49,140	-1.71	1.53	-5.28	2.52
ln(R&D)	25,116	6.12	2.56	-3.38	11.22

〈표 3-11〉은 아시아 지역을 대상으로 총수출을 종속변수로 설정하여 OLS로 분석한 결과를 나타내고 있다. 모든 모형에 시간변동 수출국-수입국 고정효과와 시간변동 수입국-산업 고정효과를 적용하였다. 모형 (1)과 (2)는 수출국-산업 고정효과를 포함하지 않은 경우이고 모형 (3)과 (4)는 수출국-산업 고정효과를 포함하였다.[7]

〈표 3-11〉 아시아의 총수출과 비교우위(OLS 분석)

종속변수: ln(GX)	모형 (1)	모형 (2)	모형 (3)	모형 (4)
산출물로 측정한 노동생산성의 로그값	-0.273 (0.014)a	-	0.158 (0.022)a	-
부가가치로 측정한 노동생산성의 로그값	-	-0.317 (0.016)a	-	0.117 (0.026)a
시간변동 수출국-수입국 고정효과	포함	포함	포함	포함
시간변동 수입국-산업 고정효과	포함	포함	포함	포함
수출국-산업 고정효과	미포함	미포함	포함	포함
관측치	48,315	48,315	48,315	48,315
Adj. R-sq.	0.79	0.79	0.91	0.91

주) a는 1% 수준에서의 유의도를 나타내며, 괄호 안의 숫자는 표준편차를 나타냄.

수출국-산업 고정효과를 포함하지 않고 산업의 산출물을 기준으로 노동생산성을 측정한 모형 (1)의 결과를 보면 노동생산성의 계숫값은 음(-)의 부호를 갖는 것으로 분석되었다. 부가가치를 기준으로 노동생산성을 측정한 모형 (2)에서도 계숫값이 음(-)의 부호를 나타냈다. 그러나 수출국-산업 고정효과를 적용한 모형 (3)과 (4)에서는 노동생산성의 계숫값은 반대로 양(+)의 부호를 보이고 있다. 이러한 결과는 비교우위의 패널데이터 분석에서 수출국-산업 고정효과를 포함하지 않으면 추정치가 편의를 갖게 된다는 것을 의미한다.

〈표 3-12〉는 총부가가치 수출을 종속변수로 설정하여 노동생산성과의 관계를 OLS로 분석한 결과를 제시하고 있다. 〈표 3-11〉의 분석과 동일하게 수출국-산업 고정효과를 포함하지 않은 모형 (1)과 (2)

7 이는 이하 〈표 3-14〉까지 동일하다.

〈표 3-12〉 아시아의 총부가가치 수출과 비교우위(OLS 분석)

종속변수: ln(TDVX)	모형 (1)	모형 (2)	모형 (3)	모형 (4)
산출물로 측정한 노동생산성의 로그값	-0.094 (0.009)a	-	0.092 (0.008)a	-
부가가치로 측정한 노동생산성의 로그값	-	-0.023 (0.009)b	-	0.136 (0.010)a
시간변동 수출국-수입국 고정효과	포함	포함	포함	포함
시간변동 수입국-산업 고정효과	포함	포함	포함	포함
수출국-산업 고정효과	미포함	미포함	포함	포함
관측치	48,315	48,315	48,315	48,315
Adj. R-sq.	0.88	0.88	0.98	0.98

주) a, b는 1%와 5% 수준에서의 유의도를 나타내며, 괄호 안의 숫자는 표준편차를 나타냄.

에서는 노동생산성의 계숫값이 음(-)의 부호를 나타냈으나, 수출국-산업 고정효과를 포함한 모형 (3)과 (4)에서는 양(+)의 부호를 갖는 것으로 분석되었다.

아시아 지역의 총수출과 비교우위의 관계를 도구변수 회귀분석한 결과는 〈표 3-13〉에 제시되어 있다. 모형 (1)과 (2)의 결과를 보면 노동생산성의 계숫값은 음(-)의 부호를 나타냈으며, 수출국-산업 고정효과를 포함한 모형 (3)과 (4)에서는 양(+)의 부호를 갖는 것으로 분석되었으나 유의성이 사라졌다. 아울러 모형 (3)과 (4)의 F-statistic을 보면 Staiger and Stock(1997)이 기준으로 제시한 10 이하여서 도구변수가 매우 약한 것으로 분석되었다.

이러한 결과는 아시아 지역의 경우 리카도 모형의 예측이 적용되지 않는다는 것을 의미한다. 즉 생산성이 높은 산업이 비교우위를 갖고 그 산업이 수출한다는 리카도 모형이 타당하다는 증거를 발견할 수 없다.

〈표 3-13〉 아시아의 총수출과 비교우위(도구변수 회귀분석)

종속변수: ln(GX)	모형 (1)	모형 (2)	모형 (3)	모형 (4)
산출물로 측정한 노동생산성의 로그값	-1.557 (0.166)a	-	24.85 (40.75)	-
부가가치로 측정한 노동생산성의 로그값	-	-1.426 (0.147)a	-	19.18 (16.09)
시간변동 수출국-수입국 고정효과	포함	포함	포함	포함
시간변동 수입국-산업 고정효과	포함	포함	포함	포함
수출국-산업 고정효과	미포함	미포함	포함	포함
관측치	21,213	21,213	21,213	21,213
F-statistic	307.7	383.2	0.41	1.70

주) a는 1% 수준에서의 유의도를 나타내며, 괄호 안의 숫자는 표준편차를 나타냄.

〈표 3-14〉 아시아의 총부가가치 수출과 비교우위(도구변수 회귀분석)

종속변수: ln(TDVX)	모형 (1)	모형 (2)	모형 (3)	모형 (4)
산출물로 측정한 노동생산성의 로그값	-2.614 (0.155)a	-	54.84 (155.66)	-
부가가치로 측정한 노동생산성의 로그값	-	-2.207 (0.111)a	-	-45.18 (65.79)
시간변동 수출국-수입국 고정효과	포함	포함	포함	포함
시간변동 수입국-산업 고정효과	포함	포함	포함	포함
수출국-산업 고정효과	미포함	미포함	포함	포함
관측치	21,595	21,595	21,595	21,595
F-statistic	378.3	529.5	0.12	0.48

주) a는 1% 수준에서의 유의도를 나타내며, 괄호 안의 숫자는 표준편차를 나타냄.

아시아 지역의 총부가가치 수출을 종속변수로 설정하여 리카도 모형의 타당성을 분석한 결과는 〈표 3-14〉에 제시되어 있다. 수출국-산업 고정효과를 포함하지 않은 모형 (1)과 (2)에서 노동생산성의 계숫값은 음(-)의 부호를 나타냈다. 그리고 수출국-산업 고정효과를 포함한 모형 (3)과 (4)에서는 노동생산성의 계숫값이 양(+)의 부호를 갖고 있으나 유의하지 않은 것으로 분석되었다. 총수출을 종속변수로 설정한 경우와 동일한 결과이며, 아시아 지역의 경우 리카도 모형이 타당하다는 증거를 발견할 수 없다.

4.3 한중일 3국 분석 결과[8]

앞에서 아시아 지역을 대상으로 리카도 모형의 유효성을 검증하였다. 〈표 3-10〉에 제시하였듯이 변수의 표준편차가 매우 크다. 이는 인도, 인도네시아 등 일부 아시아 국가가 포함된 까닭으로 해석되기 때문에 여기서는 한중일 3국만을 대상으로 산업별 비교우위와 수출의 관계를 다시 분석한다.

한중일 3국의 비교우위 분석에 포함된 주요 변수의 통계는 〈표 3-15〉에 제시되어 있다. 아시아 국가 전체에 비해(표 3-10) 평균값은 크고 표준편차는 작다는 것을 알 수 있다.

한중일 3국의 14개 제조업을 대상으로 총수출을 종속변수로 설정하고 노동생산성이 총수출에 미치는 영향을 OLS로 분석한 결과는 〈표 3-16〉에 제시되어 있다. 모형 (1)과 (2)는 시간변동 수출국-수입국 그리고 시간변동 수입국-산업 고정효과만을 포함한 경우이고, 모형 (3)

8 한중일 3국을 대상으로 리카도 모형의 타당성을 분석한 결과는 박순찬·박찬일(2017)에서 재인용하였다.

〈표 3-15〉 한중일 통계 요약

변수	관측치	평균	표준편차	최소	최대
ln(GX)	26,980	3.64	2.58	0.00	12.08
ln(TDVX)	26,980	3.54	2.28	0.00	10.76
ln(VAX)	-	-	-	-	-
ln(DVX)	-	-	-	-	-
ln(LP_SO)	23,860	-0.87	1.24	-4.23	1.83
ln(LP_VA)	23,860	-1.04	1.41	-4.50	2.52
ln(R&D)	17,547	6.65	2.46	-0.24	11.22

〈표 3-16〉 한중일 3국의 총수출과 비교우위(OLS 분석)

종속변수: ln(GX)	모형 (1)	모형 (2)	모형 (3)	모형 (4)
ln(LP_SO)	1.145 (0.024)a	-	0.731 (0.028)a	-
ln(LP_VA)	-	0.660 (0.024)a	-	0.538 (0.030)a
시간변동 수출국-수입국 고정효과	포함	포함	포함	포함
시간변동 수입국-산업 고정효과	포함	포함	포함	포함
수출국-산업 고정효과	미포함	미포함	포함	포함
관측치	-	-	23,860	23,860
Adj. R^2	0.57	0.54	0.82	0.82

주) a는 1% 수준에서의 유의도를 나타내며, 괄호 안의 숫자는 표준편차를 나타냄.

과 (4)는 수출국-산업 고정효과를 추가로 포함한 경우를 나타낸다. 또한 수출국-산업 고정효과를 포함한 모형 (3), (4)의 R^2이 약 0.6 수준에서 0.8 이상으로 올라갔는데, 이는 수출국-산업 고정효과를 포함할 때 설명력이 더 높다는 것을 의미한다. 모든 모형에서 노동생산성의 계숫값은 양(+)의 부호를 갖고 1% 수준에서 유의하게 분석되었다.

〈표 3-17〉 한중일 3국의 총부가가치 수출과 비교우위(OLS 분석)

종속변수: ln(TDVX)	모형 (1)	모형 (2)	모형 (3)	모형 (4)
ln(LP_SO)	1.074 (0.018)a	-	0.737 (0.022)a	-
ln(LP_VA)	-	0.762 (0.018)a	-	0.632 (0.024)a
시간변동 수출국-수입국 고정효과	포함	포함	포함	포함
시간변동 수입국-산업 고정효과	포함	포함	포함	포함
수출국-산업 고정효과	미포함	미포함	포함	포함
관측치	23,860	23,860	23,860	23,860
Adj. R^2	0.66	0.63	0.86	0.85

주) a는 1% 수준에서의 유의도를 나타내며, 괄호 안의 숫자는 표준편차를 나타냄.

〈표 3-17〉은 총부가가치 수출을 종속변수로 설정하여 OLS로 분석한 결과를 나타내고 있다. 앞서 언급하였듯이, 국내부가가치 수출은 직접 국내부가가치, 간접 국내부가가치 및 환류 국내부가가치로 세분될 수 있으며, 선행 연구에서는 부가가치 수출을 각기 다르게 정의하고 있는데, 이 책에서는 총부가가치 수출을 이용한다. 시간변동 수출국-수입국 고정효과, 시간변동 수입국-산업 고정효과 그리고 수출국-산업 고정효과를 모두 포함한 모형 (3)과 (4)의 결과를 보면 노동생산성의 계숫값은 양(+)의 부호를 갖고 1% 수준에서 유의하게 나타났다.

연구개발 투자를 도구변수로 활용하여 노동생산성이 총수출에 미치는 영향을 분석한 결과는 〈표 3-18〉에 요약되어 있다. 앞서 분석과 같이 모든 모형에 시간변동 수출국-수입국 고정효과와 시간변동 수입국-산업 고정효과를 적용하였다. 모형 (1)과 (2)는 수출국-산업 고정효과를 포함하지 않은 경우이고 모형 (3)과 (4)는 수출국-산업 고정효과를 포함하였다. F-statistic이 매우 높은 값을 보이고 있는데, 이는 연구개발이 도구변수로서 적절하다는 것을 의미한다.

〈표 3-18〉 한중일 3국의 총수출과 비교우위(도구변수 회귀분석)

종속변수: ln(GX)	모형 (1)	모형 (2)	모형 (3)	모형 (4)
ln(LP_SO)	12.67 (0.429)a	-	0.931 (0.197)a	-
ln(LP_VA)	-	23.82 (1.847)a	-	0.819 (0.173)a
시간변동 수출국-수입국 고정효과	포함	포함	포함	포함
시간변동 수입국-산업 고정효과	포함	포함	포함	포함
수출국-산업 고정효과	미포함	미포함	포함	포함
F-statistic	903.6	156.6	800.6	995.8
관측치	15,519	15,519	15,519	15,519

주) a는 1% 수준에서의 유의도를 나타내며, 괄호 안의 숫자는 표준편차를 나타냄.

〈표 3-19〉 한중일 3국의 총부가가치 수출과 비교우위(도구변수 회귀분석)

종속변수: ln(TDVX)	모형 (1)	모형 (2)	모형 (3)	모형 (4)
ln(LP_SO)	20.390 (0.344)a	-	2.414 (0.153)a	-
ln(LP_VA)	-	19.529 (1.495)a	-	1.124 (0.134)a
시간변동 수출국-수입국 고정효과	포함	포함	포함	포함
시간변동 수입국-산업 고정효과	포함	포함	포함	포함
수출국-산업 고정효과	미포함	미포함	포함	포함
F-statistic	859.4	165.6	800.6	995.8
관측치	15,519	15,519	15,519	15,519

주) a는 1% 수준에서의 유의도를 나타내며, 괄호 안의 숫자는 표준편차를 나타냄.

전 세계를 분석하였을 때와 마찬가지로 수출국-산업 고정효과를 포함하지 않은 모형 (1)과 (2)에서 계숫값이 매우 크게 나타났고, 수출국-산업 고정효과를 포함한 모형 (3)과 (4)에서는 계숫값이 작아졌다.

비교우위의 타당성을 검토한 선행 연구와는 달리 부가가치 수출을 종속변수로 설정하여 도구변수 회귀분석한 결과는 〈표 3-19〉에 제시되어 있다. 모든 모형에서 노동생산성의 계숫값은 양(+)의 부호를 보이고, 통계적으로 1% 수준에서 유의하게 나타났다. 이는 생산성이 높은 산업에 비교우위를 갖고 해당 제품을 수출한다는 리카도 모형의 예측이 총부가가치 수출에서도 여전히 유효하다는 것을 의미한다.

5. 글로벌 가치사슬 참여와 비교우위

여기서는 2014년으로 연장된 세계투입산출표를 이용하여 글로벌 가치사슬 참여가 비교우위에 미치는 영향을 분석한다. 먼저 부가가치 수출 비중의 연도별 흐름에 급격한 변화가 발생하였는지를 살펴보기 위해 세계 제조업의 직·간섭 국내부가가치 수출 및 직접 국내부가가치 수출의 비중을 분석하였다.

앞서 제시한 〈그림 2-11〉 및 〈그림 2-12〉는 OECD Tiva Database를 이용하여 농림수산업, 제조업과 서비스업을 모두 포함한 데 반해, 〈그림 3-1〉은 세계투입산출표를 이용하여 제조업의 부가가치 수출 비중을 측정하였고, 각각의 데이터는 국가 및 산업의 구성이 다르기 때문에 그 결과를 직접 비교하기는 어렵다. 그리고 〈그림 3-1〉에서 알 수 있듯이 총수출에서 부가가치 수출이 차지하는 비중의 연도별 흐름은 일정한 경향을 계속 유지하고 있다. 특히 금융 위기 직후인 2009년 부가가치 수출의 비중이 증가하였다가 다시 감소하였는데, 이는 제2장에서 분석한 내용과 궤를 같이한다. 비록 이 연구의 많은 부분은 1995-2011년 기간을 분석하였으나, 글로벌 생산네트워크 및 글로벌 가치사슬 형성과 심화의 흐름이 단절된 것이 아니라 계속 이어지고 있다는 것이 확인되었기 때문에 이 연구에서 수행된 내용은 여전히 유효

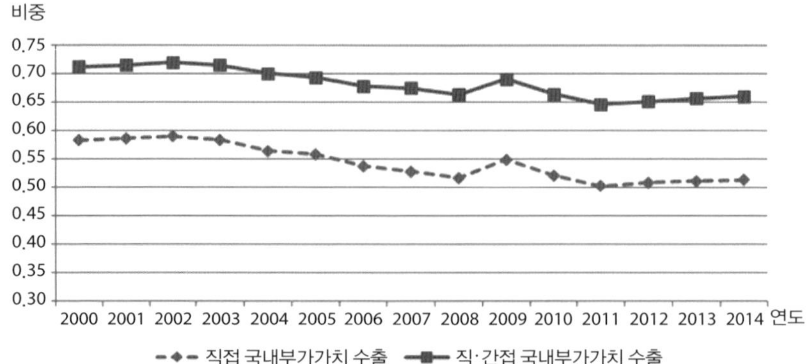

〈그림 3-1〉 세계 제조업의 직·간접 및 직접 국내부가가치 수출 비중의 변화

하다고 볼 수 있다.

5.1 글로벌 가치사슬 참여 측정

Hummels *et al.*(2001)과 Wang *et al.*(2017)은 글로벌 가치사슬 참여를 측정할 수 있는 방법을 각각 제시하고 있다. 또한 글로벌 가치사슬 참여는 전방참여와 후방참여로 구분할 수 있다. 외국의 중간재를 이용하여 추가적인 부가가치를 창출하는 생산에 참여하는 경우를 후방참여로, 국내의 중간재가 제3국의 생산 과정에 사용되는 경우를 전방참여로 칭한다. 기존의 많은 연구는 Hummels *et al.*(2001)이 수직적 특화의 개념에 기초하여 제시한 글로벌 참여지수를 이용하고 있는데, 글로벌 가치사슬 참여(VS_part)는 다음과 같이 정의된다.[9]

9 Koopman *et al.*(2010, 2014), Haltmeier(2015) 등도 이 방법에 기초하여 세계투입산출표를 이용하여 글로벌 가치사슬 참여도를 측정하였다.

$$VS\_part = VS + VS1 = \frac{FVA}{GX} + \frac{DVX}{GX} \quad (3\text{-}8)$$

*VS*는 어떤 국가의 총수출(*GX*)에서 외국에서 창출된 부가가치(Foreign Value Added)가 차지하는 비중을 나타나며, *VS*1은 총수출에서 제3국의 수출에 사용되는 중간재에 포함된 국내부가가치(Domestic Value Added in Exports)의 비율을 가리킨다. 즉 *VS*는 후방참여를, *VS*1은 전방참여를 나타낸다. 그러나 Wang *et al.*(2017)은 *VS*와 *VS*1이 수출과 수입만을 고려하고 국내 최종 수요의 생산에 관여된 글로벌 가치사슬을 제외함으로써 글로벌 가치사슬이 소비에 기여하는 부분을 완전히 포괄하지 못한다고 지적하고 있다. 외국에서 소비되는 최종재 생산을 위해 사용되는 중간재에 포함된 국내부가가치와 국내에서 소비되는 최종재 생산을 위해 투입되는 수입 중간재에 포함된 외국의 부가가치도 글로벌 가치사슬과 연관되기 때문이다. Wang *et al.*(2017)은 국내와 외국에서 소비되는 최종재에 포함된 각 국가의 부가가치를 포함하는 새로운 글로벌 가치사슬 참여지수를 제안하고 있다. 먼저 j국 k산업의 글로벌 가치사슬 전방참여지수(GVC_F_{jk})는 부가가치(VA_{jk}) 대비 세계로 수출된 중간재에 포함된 국내부가가치($DVA\_\in X$)로 정의하고 있다.

$$GVC\_F_{jk} = \frac{DVA\_\in X_{jk}}{VA_{jk}} \quad (3\text{-}9)$$

글로벌 가치사슬 후방참여지수(GVC_B)는 최종재 총생산(Y_{jk}) 대비 수입 중간재(imported intermediates)에 포함된 국내부가가치($DVA\_\in M$)와 외국의 부가가치($FVA\_\in M$)로 측정한다.

$$GVC\_B_{jk} = \frac{DVA\_\in M_{jk} + FVA\_\in M_{jk}}{Y_{jk}} \quad (3\text{-}10)$$

최종재 생산에 포함된 국내 및 해외 부가가치도 글로벌 가치사슬을 활용하여 이루어지기 때문에 이 연구는 Wang *et al.*(2017)이 제시한 방법에 따라 글로벌 가치사슬 참여를 측정한다.

5.2 실증분석모형과 데이터

글로벌 가치사슬 참여가 비교우위에 미치는 영향을 분석하기 위한 실증분석모형은 식 (3-5)와 유사하다. 다만 비교우위 가설의 타당성을 검증하는 식 (3-5)가 생산성을 설명변수로 사용한 것과 달리, 여기서는 부가가치 수출은 생산의 일부이기 때문에 생산에 영향을 미칠 수 있는 자본 및 노동과 같은 기본 통제변수를 포함하고, 전방참여(forward participation) 및 후방참여(backward participation)와 같은 글로벌 가치사슬 참여를 설명변수에 추가한다.[10]

$$\ln(X)_{jct}^{k} = \alpha_{jct} + \alpha_{ct}^{k} + \alpha_{j}^{k} + \beta_1 \ln(K)_{jt}^{k} + \beta_2 \ln(L)_{jt}^{k} + \theta \ln GVC_{jt}^{k} + \epsilon_{jct}^{k} \qquad (3\text{-}11)$$

- K: 자본스톡
- L: 노동
- GVC: 글로벌 가치사슬 참여를 나타내는 대용변수로서 후방참여(GVC_B) 및 전방참여(GVC_F)로 세분

앞서 언급하였듯이 누락변수의 편의를 통제하기 위해 시간변동

10 이 장의 분석과 유사하게 박순찬 외(2018)는 글로벌 가치사슬 참여가 부가가치 수출에 미치는 영향을 분석하고 있는데, Hummels *et al.*(2001) 및 Wang *et al.*(2017)이 제시한 지표를 모두 이용하여 비교 분석하고 있다.

수출국-수입국 고정효과(α_{jct}), 수입국-산업 고정효과(α_{ct}^{k})와 수출국-산업 고정효과(α_{j}^{k})를 포함한다. 자본스톡과 노동에 대한 데이터 출처는 세계투입산출표의 사회경제계정이며, 전방참여 및 후방참여를 포함한 글로벌 가치사슬 참여지표는 Wang *et al.*(2017)의 방법에 따라 세계투입산출표를 이용하여 산출한다. 이 분석에 포함된 국가 및 산업은 〈부표 11〉에 제시되어 있으며, 분석 기간은 2000-2014년이다.

5.3 분석 결과

전 세계 43개국 18개 제조업을 대상으로 수출 성과를 직·간접 국내 부가가치 수출(VAX)로 측정하고, 글로벌 가치사슬 참여가 비교우위에 미치는 영향을 분석한 결과는 〈표 3-20〉에 제시되어 있다. 모형 (1)과 (2)는 글로벌 가치사슬 참여를 전방참여와 후방참여의 합으로 정의하여 분석한 결과이고, 모형 (3)과 (4)는 전방참여와 후방참여를 분리하여 분석한 결과이다. 모형 (1)과 (3)은 수출국-산업 고정효과를 적용하지 않았고, 모형 (2)와 (4)에는 시간변동 수출국-수입국 고정효과, 시간변동 수입국-산업 고정효과와 수출국-산업 고정효과를 적용하였다.

모형 (1)과 (2)에서 전후방참여의 계숫값은 양(+)의 부호를 나타내고 1% 수준에서 유의하다. 즉 글로벌 가치사슬 참여는 부가가치 수출을 증진하는 데 기여하는 것으로 나타났다. 그러나 수출국-산업 고정효과를 포함하지 않은 모형 (1)과 포함한 모형 (2)의 계숫값을 보면 모형 (1)에서 전후방참여의 계숫값이 훨씬 더 크게 나타났는데, 이는 수출국-산업 고정효과를 포함하지 않을 경우 과대추정될 수 있다는 것을 암시한다.

전방참여와 후방참여를 분리하여 분석한 모형 (3)과 (4)의 결과

〈표 3-20〉 글로벌 가치사슬 참여가 부가가치 수출에 미치는 영향(전 세계)

종속변수: 직·간접 국내부가가치 수출	모형 (1)	모형 (2)	모형 (3)	모형 (4)
자본스톡	0.317 (0.003)a	0.444 (0.010)a	0.313 (0.003)a	0.429 (0.010)a
노동	0.752 (0.004)a	0.328 (0.011)a	0.730 (0.004)a	0.331 (0.011)a
전후방참여	1.251 (0.008)a	0.635 (0.020)a	-	-
후방참여	-	-	-0.015 (0.008)c	-0.081 (0.019)a
전방참여	-	-	0.767 (0.004)a	0.513 (0.011)a
시간변동 수출국-수입국 고정효과	포함	포함	포함	포함
시간변동 수입국-산업 고정효과	포함	포함	포함	포함
수출국-산업 고정효과	미포함	포함	미포함	포함
관측치	404,648	404,648	404,648	404,648
Adj. R^2	0.83	0.88	0.84	0.88

주) a, c는 1% 및 10% 수준에서의 유의도를, 괄호 안의 숫자는 표준편차를 나타내며, 모든 변수는 자연로그 값을 나타냄.

를 보면, 후방참여의 계숫값은 음(-)의 부호를 나타낸 반면 전방참여의 계숫값은 양(+)의 부호를 보이고 있다. 이는 생산에 포함된 외국 부가가치가 많을수록 부가가치 수출은 감소하고, 글로벌 가치사슬에의 전방참여는 부가가치 수출을 증진하는 데 기여한다는 것을 의미한다. 이러한 분석 결과는 글로벌 가치사슬에 참여 그 자체도 중요하지만 어떤 위치에서 참여하는 것이 비교우위의 증진에 도움이 되는지를 밝히고 있다는 점에서 매우 중요한 정책적 시사점을 제공한다.

〈표 3-21〉은 한중일 및 아시아 국가만을 대상으로 글로벌 가치사슬 참여가 부가가치 수출에 미치는 영향을 분석한 결과를 나타내고 있

〈표 3-21〉 글로벌 가치사슬 참여가 부가가치 수출에 미치는 영향(아시아)

종속변수: 직·간접 국내부가가치 수출	한중일		아시아	
	모형 (1)	모형 (2)	모형 (3)	모형 (4)
자본스톡 로그값	0.395 (0.058)a	0.299 (0.059)a	0.192 (0.030)a	0.193 (0.030)a
노동 로그값	0.084 (0.057)	0.001 (0.057)	0.301 (0.029)a	0.220 (0.029)a
전후방참여	0.223 (0.092)b	-	0.763 (0.050)a	-
후방참여	-	-0.817 (0.088)a	-	-0.272 (0.048)a
전방참여	-	0.410 (0.040)a	-	0.636 (0.026)a
시간변동 수출국-수입국 고정효과	포함	포함	포함	포함
시간변동 수입국-산업 고정효과	포함	포함	포함	포함
수출국-산업 고정효과	포함	포함	포함	포함
관측치	30,761	30,761	59,552	59,552
Adj. R^2	0.93	0.93	0.91	0.91

주) a, b는 1% 및 5% 수준에서의 유의도를, 괄호 안의 숫자는 표준편차를 나타내며, 모든 변수는 자연로그값을 나타냄.

다. 모형 (1)과 (2)는 한중일 3국, 그리고 모형 (3)과 (4)는 한중일 3국과 인도, 인도네시아 및 대만을 포함하여 분석한 결과를 나타낸다. 모든 모형에는 이 장의 연구에서 고려한 세 가지 고정효과를 전부 포함하였다.

모형 (2)와 (4)를 보면 후방참여의 계숫값은 앞서 분석한 전 세계의 경우와 동일하게 음(-)의 부호를 나타내고 통계적으로 1% 수준에서 유의하게 나타났다. 그러나 그 계숫값의 크기는 상당히 다르게 나타났다. 한중일의 경우 후방참여가 부가가치 수출에 미치는 부정적인 영향이 다른 경우에 비해 매우 큰 것으로 분석되었다. 일본이 한국과 중국에 소재 및 부품을 제공하고, 한국이 이를 가공하여 중간재를 중국에 공급하고 있는 한중일 3국의 분업구조를 고려할 때 해외 중간재에 의존도가 높을수록 한국과 중국의 부가가치 수출은 크게 감소한다는 것을 시사한다.

글로벌 생산네트워크와 노동의 분배 몫

이 장에서는 글로벌 생산네트워크의 심화가 노동 분배 몫에 미치는 영향을 분석한다. 노동 분배 몫에 영향을 미치는 요인에 대한 선행 연구는 자본, 세계화 및 노동 협상력의 약화를 제시하며, 그중 세계화가 노동 분배 몫에 중요한 영향을 미쳤다는 선행 연구는 주로 수입 및 오프쇼어링의 증가를 지적하고 있다. 글로벌 생산네트워크와 노동 분배 몫의 관계를 설명할 수 있는 이론적 틀은 아직 제시되지 않고 있지만, 이 장에서는 글로벌 생산네트워크와 노동 분배 몫의 관계를 설명하는 데 도움이 되는 선행 연구를 살펴보고, 이에 근거하여 실증분석모형을 설정한다.

1. 노동 분배 몫 결정요인에 대한 선행 연구

선행 연구에 따르면 노동 분배 몫의 감소에 영향을 미치는 요인으로 크게 다음의 세 가지 요인을 지적하고 있다.

첫 번째 요인은 자본집약도의 증가 및 자본확장적 기술발전이다(Bentolila and Saint-Paul, 2003; Arpaia *et al.*, 2009; Driver and Muñoz-Bugarín, 2010; Raurich *et al.*, 2012; Hutchinson and Persyn, 2012). 부가가치 대비 자본

의 양으로 측정하는 자본집약도의 증가는 노동에 대한 자본의 비율과 노동의 한계생산물의 증가를 초래하기 때문에 임금이 증가한다. 그런데 노동과 자본이 보완관계에 있고, 임금의 증가율이 부가가치에 대한 노동의 비율의 감소를 초과한다면 노동의 분배 몫은 증가한다. 그러나 노동과 자본이 대체관계에 있다면 임금 증가율이 노동 분배 몫의 감소를 보전하지 못하게 된다. 또한 자본확장적 기술발전도 자본집약도의 증가와 동일한 효과를 갖는다. 따라서 노동과 자본이 대체관계에 있으면, 자본집약도의 증가와 자본확장적 기술발전은 노동 분배 몫의 감소를 초래한다.

Bentolila and Saint-Paul(2003)은 1972-1993년 OECD 국가에서 자본집약도의 증가와 총요소생산성으로 측정한 자본확장적 기술발전이 노동 분배 몫의 감소로 이어졌다는 실증분석 결과를 제시하고 있다. Bassanini and Manfredi(2012)도 1980-2007년 기간 OECD 국가에서 유사한 결과를 보고하고 있는데, 자본집약도의 1% 증가는 노동 분배 몫의 0.05% 감소를 초래했고, 총요소생산성의 1% 증가는 노동 분배 몫의 0.14% 감소로 이어져서, 1990-2007년 기간 자본집약도와 총요소생산성의 증가가 노동 분배 몫 감소의 약 80%를 설명하고 있다고 주장하고 있다.

선행 연구는 자본확장적 기술발전과 자본집약도의 증가가 노동 분배 몫에 부정적인 영향을 미치는 몇 가지 요인을 구체적으로 지적하고 있다. Greenwood and Jovanovic(1999), Brynjolfsson and McAfee (2011)는 정보통신기술(information and communication technologies)을 주된 요인으로 강조하고 있으며, Arpaia *et al.*(2009)도 이를 확인하면서 과거 20년간 이루어진 기술발전은 자본확장적이었다고 주장하고 있다. 한편, Arpaia *et al.*(2009)은 자본과 노동의 대체관계는 일률적이지 않다면서, 노동과 자본의 대체는 주로 자본과 미숙련 노동의 대체관계에 따른 결과이고 자본과 숙련노동은 보완관계에 있다고 주장하고 있다. 또한 일부 연구는 기술발전이 기계가 이전에 노동에 의해 수행되었던 직무를 대체하는 형태로 이루어진다는 의미에서 기술발전은 노동을 대체한다고 지적하고 있다(Zeira, 1998; Arthur, 2011; Acemoglu, 2011).

기술발전과 노동 분배 몫의 부정적인 관계가 장기적으로 지속될 것인지, 아니면 일시적인 현상에 그칠 것인지에 대해서는 논쟁이 계속되고 있다. 장기적으로 노동과 자본은 보완관계에 있다는 경제성장이론에 기초하여 기술발전은 축적될 수 없는 생산요소, 즉 노동을 확장시키기 때문에 자본확장적 기술발전과 노동과 자본의 대체관계는 일시적인 현상에 그칠 수 있다고 보고 있다(Acemoglu, 2002). 그러나 숙련노동의 공급이 빠르게 증가하고 있어서 숙련노동과 보완관계에 있는 자본재를 창출하려는 동기가 증가할 것이기 때문에 기술발전은 미숙련노동에 대해서는 여전히 불리하게 작용할 것이라고 보고 있다. Brynjolfsson and McAfee(2011), Acemoglu(2011)는 정보통신기술은 기술발전의 성격을 변화시켰으며, 특정 범주의 노동자가 수행하던 직무를 기계가 대체할 것이라고 주장하고 있다. 이 견해에 따르면 미숙련노동은 기계와의 경주에 돌입하게 될 것이고 노동의 상대적 위치는 더욱 불리해진다.

노동 분배 몫에 영향을 미치는 두 번째 요인은 노동 시장 및 상품시장의 밀접한 통합, 즉 세계화이다. 운송수단의 발달, 국경 간 무역장벽의 제거 및 자본의 이동이 원활해짐에 따라 생산 입지가 소비시장으로부터 떨어진 곳에 위치할 수 있게 되었다. 또한 국제 간 이민으로 노동의 공급이 세계화되었다. 국제무역이 증가하면서 경쟁이 심화되었고, 이로 인해 기업의 경쟁력을 유지하기 위해 노동 비용을 일정 수준으로 유지할 필요성이 대두되었다. 노동 비용을 감당하지 못하는 기업은 경쟁력을 상실하게 되고 노동 비용이 유리한 곳으로 이동하게 되는 결과가 초래되었다. 이러한 경쟁 압력으로 노동자는 직업을 유지하기 위해 임금 동결을 받아들일 수밖에 없게 되었다. OECD(2007), Hijzen and Swaim(2010), Bloom *et al.*(2011)은 수입침투도의 증가와 오프쇼어링이 국내노동수요의 민감도를 증가시켰다는 실증분석 결과를 제시하고 있다. 시장개방에 따른 수입이 노동 분배 몫에 미친 영향을 분석한 연구는 많지 않으며, 실증분석 결과도 혼재되어 있다. 국가 수준(aggregated level)의 분석에 따르면 수입가격의 하락이 선진국에서의 노동 분배 몫 감소로 이어졌다고 보고하고 있다(Harrison, 2002; IMF, 2007). 이러한 국가 수준의 연구는 노동 분배 몫에 영향을 미치는 다른 요인을 통제하지 않거나 잠재적인 내생성의 문제를 고려하지 않았다는 비판을 받는다(Bassanini and Manfredi, 2012). Bassanini and Manfredi(2012)는 산업 차원의 분석을 통해 수입침투도 및 수입가격의 하락이 노동 분배 몫에 유의미한 영향을 미쳤다는 증거를 발견하지 못했다고 주장하고 있다.

최종재 시장 개방에 따른 경쟁 심화뿐만 아니라, 세계화의 또 다른 측면으로 노동비용을 절감하기 위해 기업이 해외에서 생산 과정의 일부를 생산하는 오프쇼어링의 증가를 들 수 있다. 이에 대한 선행 분석 결과를 보면 오프쇼어링은 노동 분배 몫에 부정적인 영향을 미치는 것으로 나타났다. Jaumotte and Tytell(2007)은 국가 차원에서 중간재 생산의 오프쇼어링이 노동 분배 몫에 부정적인 영향을 미쳤다는 분석 결과를 제시하고 있고, OECD(2007) 및 Hijzen and Swaim(2010)은 산업 차원의 분석을 통해 산업 내 오프쇼어링이 노동수요를 감소시키고, 임금의 탄력성을 증가시켰다고 보고하고 있다. 또한 기업 수준의 데이터를 이용한 많은 연구도 수입과 오프쇼어링이 노동자의 단체교섭력에 부정적인 영향을 미쳤음을 확인하고 있다(Dumont *et al.*, 2005; Boulhol *et al.*, 2011; Abraham *et al.*, 2009).

노동 분배 몫에 영향을 미치는 세 번째 요인은 노동자 단체교섭력(collective bargaining power)이다. 단체교섭에 대한 산업 차원의 데이터가 부족하기 때문에 이를 분석에 포함하지는 못한다. 또한 국가의 발전 단계와 역사적 전개가 각기 상이하기 때문에 노동자 단체교섭력의 변화를 일률적으로 평가하기는 어렵다. 노조조직률(trade union density) 또는 단체교섭 포괄범위(collective bargaining coverage)가 노동자 단체교섭력을 나타내는 대표적인 변수로 활용되고 있는데, OECD Database on Trade Unions를 보면 이들은 1990년 이후 OECD 국가의 경우 평균적으로 감소하고 있는 것으로 나타났다. 그러나 감소의 정도는 국가별로 큰 편차를 보이고 있는데, 벨기에, 핀란드, 프랑스, 이탈리아, 네덜란드 등은 감소 정도가 작은 반면, 동유럽 국가의 경우 큰 감소폭을 보이고 있다. 단체교섭 포괄범위의 경우 북유럽 국가의 경우에는 증가하였으나, 다른 OECD 국가의 경우 감소하는 경향을 나타내고 있다. 정치 및 사회문화적인 요인을 제외하고 경제적인 관점에서 볼 때 단체교섭력이 스스로 변화되기보다는 다른 경제적 요인이 단체교섭력에 영향을 미친다고 볼 수 있다. 즉 세계화에 따른 경쟁의 심화와 오프쇼어링의 증가가 국내노동과 해외노동의 대체가능성을 높이고, 생산의 해외 이전 압력도 노동자의 단체교섭력을 떨어뜨리는 요인으로 작용한다.

2. 글로벌 생산네트워크와 노동 분배 몫의 관계

여기서는 글로벌 생산네트워크와 노동 분배 몫의 관계를 이론적으로 설명하기 위해 Bentolila and Saint-Paul(2003)을 중심으로 살펴본다. 콥-더글러스(Cobb-Douglas) 형태의 생산함수를 가정할 경우, 노동 분배 몫은 일정하기 때문에, Acemoglu(2003), Bentolila and Saint-Paul(2003)

을 비롯한 노동 분배 몫에 대한 선행 연구에 따라 생산함수는 노동과 자본의 고정대체탄력성(constant elasticity of substitution between labor and capital)을 가정한다.

$$Y_j = \left[\alpha(A_jK_j)^\theta + (1-\alpha)(B_jL_j)^\theta\right]^{1/\theta} \tag{4-1}$$

A_j는 자본확장적 기술진보(capital-augmenting technical progress), B_j는 노동확장적 기술진보(labor-augmenting technical progress), θ는 노동과 자본의 대체탄력성을 나타낸다.

임금(w)은 한계생산물로 지급되고, 완전경쟁을 가정하면 노동의 몫은 다음과 같다.

$$LS_j = \frac{\omega_jL_j}{p_jY_j} = \frac{(1-\alpha)(B_jL_j)^\theta}{\alpha(A_jK_j)^\theta + (1-\alpha)(B_jL_j)^\theta} \tag{4-2}$$

또한 생산물에 대한 자본의 비율(capital-output ratio)은 다음과 같이 표현된다.

$$k_j = \frac{K_j}{Y_j} = \left(\frac{K_j^\theta}{\alpha(A_jK_j)^\theta + (1-\alpha)(B_jL_j)^\theta}\right)^{1/\theta} \tag{4-3}$$

식 (4-2)와 (4-3)을 이용하여 노동의 몫은 다음과 같이 간단하게 표현된다.

$$LS_j = 1 - \alpha(A_jk_j)^\theta \tag{4-4}$$

식 (4-4)에서 노동의 몫은 자본확장적 기술진보(A_j)와 자본집약도(kj)의 함수이다. 노동과 자본이 대체관계일 경우(θ〈0), 자본집약도가 낮을수록 노동의 몫은 증가한다. 만약 노동과 자본이 보완관계일 경우 ($\theta>0$)에는 그 반대이다.

특수한 경우로 만약 θ=0이면 생산함수는 콥-더글러스 함수가 되고 노동의 몫은 일정하다($^{s}L_{j}$=1-α).

식 (4-4)는 다음과 같이 표현할 수 있다.

$$\ln(LS_j) = constant + \theta \ln A_j + \theta \ln k_j \qquad (4\text{-}5)$$

만약 노동과 자본이 대체관계($\theta<0$)에 있고, 기술진보가 자본확장적이고 자본집약도가 높을수록 노동의 몫은 줄어든다.

앞서 언급했듯이 글로벌 가치사슬의 심화가 노동의 분배 몫에 미치는 영향을 직접적으로 분석한 이론은 아직 제시되지 않고 있다. 글로벌 가치사슬의 심화는 국가 간 분업체계의 형성이 핵심 요소라는 점을 고려하면 무역, 특히 중간재를 해외에서 생산하여 이를 국내에서 이용하는 오프쇼어링과 유사하다고 볼 수 있다. 그러므로 오프쇼어링이 임금 및 고용에 미치는 영향에 대한 이론적 틀을 이용하여 글로벌 가치사슬의 심화와 임금 및 노동수요와의 관계를 간접적으로 분석할 수 있다. Grossman and Rossi-Hansberg(2008)는 오프쇼어링과 노동의 관계에 대한 최근의 이론적 틀, 그 외 Burstein and Vogel(2010) 및 Wright(2010) 등은 오프쇼어링이 임금 및 고용에 미치는 영향을 분석할 수 있는 이론적 틀을 제시하고 있다. 이들 선행 연구를 종합하면 오프쇼어링이 임금 및 고용에 미치는 메커니즘은 크게 생산성 및 규모의 효과와 직접적인 고용 감소 효과의 두 가지로 구분할 수 있다.

오프쇼어링으로 해당 중간재가 더 이상 국내에서 생산되지 않는다면 여기에 투입되던 노동은 줄어들 수 있는데, 이것이 오프쇼어링으로 인한 직접적인 노동수요의 감소 효과이다.

그런데 오프쇼어링은 생산자의 생산성 향상에 기여할 수 있다. 가장 효율적으로 생산될 수 있는 비교우위를 지닌 장소(국가)에서 중간재를 생산하여 수입함으로써 생산자는 효율적인 중간재를 사용할 수 있고 이에 따라 생산자의 생산성은 향상될 수 있다. 그러나 생산성 향상은 동일한 양의 재화를 생산하는 데 더 적은 양의 생산요소가 투입된다는 것을 뜻하기 때문에 오프쇼어링으로 생산자의 생산성이 향상되면 고용은 증가 또는 감소할 수 있다. 이는 궁극적으로 생산 규모의 증가 정도에 달려 있다. 만약 생산성 향상으로 재화의 가격이 낮아지면 해당 재화 및 서비스에 대한 수요가 증가하고 이에 따라 노동에 대한 수요는 증가할 수 있다. 그러나 규모의 효과가 충분하지 않으면 오프쇼어링으로 줄어든 노동의 수요를 회복하지 못하여 고용은 전체적으로 감소할 수도 있다.

오프쇼어링이 임금에 미치는 영향은 고용과 유사한 메커니즘을 통해 결정된다. Grossman and Rossi-Hansberg(2008), Burstein and Vogel(2010) 등 선행 연구를 보면 재화의 생산요소 집약도, 국가의 요소부존량 등을 어떻게 가정하느냐에 따라 각각의 효과가 고용에 미치는 영향은 달라진다. 예를 들어 Grossman and Rossi-Hansberg(2008)는 생산성 효과로 저숙련 노동의 임금이 증가하여 숙련 노동의 임금 프리미엄이 줄어든다는 모형을 제시하는 데 반해, Burstein and Vogel(2010)은 오프쇼어링으로 숙련집약적인 산업으로의 자원이 이동함으로써 숙련노동의 임금 프리미엄이 증가한다는 모형을 제시하고 있다. 그러므로 이는 이론을 통해 사전에 예단하기보다는 실증분석을 통해 확인하고 검증해야 하는 문제이다.

3. 실증분석모형과 데이터

글로벌 가치사슬의 심화를 다양한 방법으로 측정할 수 있는데, 이 장에서는 글로벌 가치사슬 참여지수(GVC participation index)를 그 대용변수로 이용한다. 글로벌 가치사슬 참여지수는 총수출에서 외국의 투입물이 차지하는 비중(후방참여)과 제3국의 수출에서 국내에서 생산된 투입물이 차지하는 비중(전방참여)으로 측정한다. 글로벌 생산네트워크가 노동 분배 몫에 미치는 영향을 분석하기 위한 이 장의 기본모형은 식 (4-5)에 글로벌 생산네트워크의 대용변수인 글로벌 가치사슬 참여지수를 포함하여 다음과 같이 표현된다.

$$\ln(LS_{hjt}) = \lambda_{hj} + \alpha_1 \ln A_{hjt} + \alpha_2 \ln KL_{hjt} + \gamma (GVC)_{hjt} + e_{hjt} \qquad (4\text{-}6)$$

식 (4-6)과 관련하여 논의해야 할 실증분석의 문제가 있다. 먼저 자본확장적 기술진보를 관찰할 수 없기 때문에 실증분석을 할 때 대용변수(proxy variable)를 사용하는데, Bentolila and Saint-Paul(2003)은 총요소생산성(total factor productivity)을 제안하고 있다. 그러나 총요소생산성은 자본뿐만 아니라 노동의 기여를 포함하고 있기 때문에 자본확장적 기술진보를 정확하게 포착하지 못한다는 문제점이 있다.

그보다 더 중요한 문제는 A(노동생산성)와 KL(자본집약도)이 내생변수(endogenous variable)일 수 있다는 점이다. Acemoglu(2003)는 기술진보는 각 생산요소에 지급되는 소득에 달려 있는데, 노동의 몫이 줄어들면 자본확장적 기술진보가 촉진된다고 지적하고 있다. 내생성의 문제를 해결하기 위해서는 도구변수를 사용해야 하는데, A와 KL에 대한 적절한 도구변수를 찾기는 쉽지 않기 때문에 이 장에서는 고정효과 모형을 적용한다. 특히 이 장에서는 1995-2011년 세계 40개국 14개 제조업을 분석에 포함하기 때문에 연구의 데이터는 국가, 산업 그리고 연도라는 3개의 차원으로 구성되어 있다. 단순한 국가-산업 고정효과만으로는 관찰할 수 없는 국가, 산업 및 연도의 상호작용을 통제할 수 없다. 제3장에서 논의하였듯이, 이 장에서는 국가-산업 고정효과뿐만 아니라 시간변동 국가 고정효과(time varying country fixed effects)와 시간변동 산업 고정효과(time varying industry fixed effects)를 적용한다.

이러한 논의에 기초하여 설정한 이 장에서의 실증분석모형은 다음과 같다.

$$\ln(LS_{hjt}) = \alpha_1 \ln A_{hjt} + \alpha_2 \ln KL_{hjt} + \gamma(GVC)_{hjt} + \lambda_{hj} + \lambda_{jt} + \lambda_{ht} + e_{hjt} \qquad (4\text{-}7)$$

-A_{hjt}: t년도 h국 j산업의 생산성 대용변수로서 노동생산성

-KL: t년도 h국 j산업의 자본집약도

-GVC: 글로벌 부가가치사슬 참여지수

-λ_{hj}: 국가-산업 고정효과

-λ_{jt}: 산업-시간 고정효과

-λ_{ht}: 국가-시간 고정효과

이 장에서 사용된 모든 변수의 데이터 출처는 세계투입산출표와 사회경제계정이다. 연구에 적용한 국가 및 산업분류는 〈표 4-1〉에 제시되어 있다.

〈표 4-2〉는 분석에 사용된 변수의 기초 통계를 나타내고 있다. 세계투입산출표에서 일부 누락 항목이 존재하여 모든 변수의 관측치가 동일하지 않다.

이 장의 분석에 쓰인 용어는 다음과 같다.

〈표 4-1〉 이 장 분석에 포함된 국가 및 산업 분류

국가	산업
한국, 독일, 중국, 덴마크, 일본, 스페인, 대만, 에스토니아, 인도네시아, 핀란드, 인도, 프랑스, 미국, 영국, 캐나다, 그리스, 멕시코, 헝가리, 브라질, 아일랜드, 호주, 이탈리아, 러시아, 리투아니아, 오스트리아, 룩셈부르크, 벨기에, 라트비아, 불가리아, 몰타, 사이프러스, 네덜란드, 체코, 폴란드, 포르투갈, 슬로베니아, 루마니아, 스웨덴, 슬로바키아	농림수산업, 건설, 광업, 자동차 판매 및 수리, 음식료품, 도소매업, 섬유, 기타 소매업, 가죽제품, 숙박업, 목재와 그 제품, 내륙 운송업, 펄프·종이 제품, 해상 운송업, 석유 및 정유, 항공 운송업, 화학, 기타 운송 및 관광, 고무·플라스틱, 통신서비스, 기타 비금속 광물, 금융서비스, 금속, 부동산업, 기계, 기계장비임대업 및 기타사업, 전기전자, 공공행정서비스, 운송장비, 교육, 기타 제조업, 보건 및 사회복지 서비스, 전기·가스·수도, 협회·단체 및 기타 개인 서비스

자료: 세계투입산출표(World Input-Output Tables)

〈표 4-2〉 이 장 분석에 포함된 기초 통계 자료

변수	관측치	평균	표준편차
ln(LS)	22,144	4.00	0.60
ln(LS_H)	20,321	2.42	0.90
ln(LS_M)	20,321	3.13	0.82
ln(LS_L)	20,321	2.26	1.24
ln(A_Ouptut)	20,399	-1.25	1.64
ln(A_VA)	20,397	-1.40	1.68
ln(KL)	19,313	4.83	2.65
ln(GVC)	22,758	-0.07	2.17

-*LS*: 부가가치 대비 총임금으로 측정한 노동 분배 몫

-*LS_H*: 고숙련 노동의 분배 몫

-*LS_M*: 중간숙련 노동의 분배 몫

-*LS_L*: 저숙련 노동의 분배 몫

- A_Output: 총생산을 기준으로 측정한 노동생산성
- A_VA: 부가가치를 기준으로 측정한 노동생산성
- KL: 자본집약도
- GVC: 글로벌 가치사슬 참여지수

4. 분석 결과

4.1 전 세계에서의 노동 분배 몫

〈표 4-3〉은 글로벌 가치사슬 참여지수로 측정한 글로벌 가치사슬에의 심화가 노동 분배 몫에 미치는 영향을 분석한 결과를 제시하고 있

〈표 4-3〉 글로벌 가치사슬과 노동 분배 몫(표준 패널데이터 분석)

종속변수: ln(LS)	모형 (1)	모형 (2)	모형 (3)	모형 (4)	모형 (5)	모형 (6)
ln(A_Output)	-	-	-0.035 (0.005)***	-0.040 (0.006)***	-	-
ln(A_VA)	-	-	-	-	-0.118 (0.005)***	-0.121 (0.005)***
ln(KL)	-	-	-0.122 (0.005)***	-0.158 (0.006)***	-0.118 (0.005)***	-0.148 (0.006)***
ln(GVC)	-0.013 (0.002)***	-0.011 (0.002)***	-0.014 (0.002)***	-0.014 (0.002)***	-0.013 (0.002)***	-0.013 (0.002)***
λ_{hj}	포함	포함	포함	포함	포함	포함
연도고정효과	미포함	포함	미포함	포함	미포함	포함
관측치	21,256	21,256	18,515	18,515	18,515	18,515
Adj. R-sq.	0.05	0.04	0.06	0.06	0.06	0.06

주) 괄호 안의 숫자는 표준편차를 나타내고 ***, ** 및 *은 1%, 5% 및 10% 수준에서의 유의성을 나타냄.

〈표 4-4〉 글로벌 가치사슬 참여가 노동 분배 몫에 미치는 영향

종속변수: ln(LS)	모형 (1)	모형 (2)	모형 (3)
ln(A_Output)	-	-0.033 (0.006)***	-
ln(A_VA)	-	-	-0.122 (0.006)***
ln(KL)	-	-0.173 (0.006)***	-0.161 (0.006)***
ln(GVC)	-0.005 (0.002)***	-0.009 (0.002)***	-0.009 (0.002)***
λ_{hj}	포함	포함	포함
λ_{jt}	포함	포함	포함
λ_{ht}	포함	포함	포함
관측치	21,256	18,515	18,515
Adj. R-sq.	0.91	0.92	0.92

주) 괄호 안의 숫자는 표준편차를 나타내고 ***, ** 및 *은 1%, 5% 및 10% 수준에서의 유의성을 나타냄.

다. 모형 (1)과 (2)는 글로벌 가치사슬 참여지수만을 설명변수로 사용한 결과를 나타내며, 모형 (3)-(6)은 설명변수에 노동생산성과 자본집약도를 추가로 포함한 결과를 나타내고 있다. 여기서 *A_Output*은 국가별 산업의 총생산을 이용하여 측정한 노동생산성을 나타내고, *A_VA*는 부가가치를 기준으로 측정한 노동생산성을 표시한다. 노동생산성과 자본집약도를 포함하더라도 글로벌 가치사슬의 계숫값은 여전히 음(-)의 부호를 보이고 1% 수준에서 유의하게 나타났다. 다시 말해서 글로벌 가치사슬이 심화된 국가-산업일수록 노동 분배 몫이 낮다.

〈표 4-4〉는 시간변동 국가 고정효과, 시간변동 산업 고정효과 및 국가-산업 고정효과를 모두 포함하여 글로벌 가치사슬의 심화가 노동 분배 몫에 미치는 영향을 분석한 결과를 제시하고 있다. 〈표 4-3〉과

〈표 4-5〉 글로벌 가치사슬 참여가 노동 분배 몫의 변화율에 미치는 영향

종속변수: $\Delta \ln(LS)$	모형 (1)	모형 (2)	모형 (3)
$\Delta \ln(A\_Output)$	-	-0.023 (0.009)***	-
$\Delta \ln(A\_VA)$	-	-	-0.465 (0.007)***
$\Delta \ln(KL)$	-	-0.197 (0.010)***	-0.033 (0.008)***
$\Delta \ln(GVC)$	-0.011 (0.003)***	-0.008 (0.002)***	-0.009 (0.002)***
λ_{jt}	포함	포함	포함
λ_{ht}	포함	포함	포함
관측치	19,843	17,110	17,110
Adj. R-sq.	0.11	0.13	0.33

주) 괄호 안의 숫자는 표준편차를 나타내고 ***, ** 및 *은 1%, 5% 및 10% 수준에서의 유의성을 나타냄.

비교하여 모형의 설명력을 나타내는 R-sq.가 크게 증가한 것을 알 수 있다. 먼저 모형 (1)은 글로벌 가치사슬 참여지수만을 설명변수에 포함한 결과인데, 계숫값은 음(-)의 부호를 갖고 1% 수준에서 유의하게 나타났다. 또한 모형 (2)와 (3)은 노동생산성과 자본집약도를 설명변수에 추가로 포함한 결과인데, 글로벌 가치사슬 참여지수의 계숫값은 여전히 음(-)의 부호를 갖고 1% 수준에서 유의하게 나타났다. 따라서 글로벌 가치사슬의 심화가 노동 분배 몫의 감소에 유의한 영향을 미쳤다고 볼 수 있다.

〈표 4-5〉는 모든 변수를 차분하여 분석한 결과를 요약하고 있다. 즉 노동 분배 몫의 변화율이 종속변수이고 노동생산성, 자본집약도 및 글로벌 가치사슬 참여지수도 변화율을 나타낸다. 모든 변수를 차분하였기 때문에 국가-산업의 특징은 사라지게 되어 국가-산업 고정효과

〈표 4-6〉 글로벌 가치사슬의 심화가 이질적 노동 분배 몫에 미치는 영향

종속변수	ln(LS_H)	ln(LS_M)	ln(LS_L)	ln(LS_H)	ln(LS_M)	ln(LS_L)
	모형 (1)	모형 (2)	모형 (3)	모형 (4)	모형 (5)	모형 (6)
ln(A_Output)	-0.110 (0.009)***	-0.120 (0.011)***	-0.104 (0.009)***	-	-	-
ln(A_VA)	-	-	-	-0.310 (0.008)***	-0.323 (0.010)***	0.315 (0.008)***
ln(KL)	-0.128 (0.009)***	-0.124 (0.011)**	-0.142 (0.009)***	-0.025 (0.009)***	-0.026 (0.011)**	-0.040 (0.009)***
ln(GVC)	-0.014 (0.002)***	-0.012 (0.003)***	-0.013 (0.002)***	-0.016 (0.002)***	-0.014 (0.003)***	-0.015 (0.002)***
λ_{hj}	포함	포함	포함	포함	포함	포함
λ_{jt}	포함	포함	포함	포함	포함	포함
λ_{ht}	포함	포함	포함	포함	포함	포함
관측치	18,516	18,516	18,516	18,516	18,516	18,516
Adj. R-sq.	0.95	0.90	0.97	0.95	0.90	0.97

주) 괄호 안의 숫자는 표준편차를 나타내고 ***, ** 및 *은 1%, 5% 및 10% 수준에서의 유의성을 나타냄.

(λ_{hj})는 포함하지 않는다. 분석 결과를 보면 계숫값의 차이는 있으나 앞의 수준(level) 변수로 측정한 결과와 차이가 없다. 글로벌 가치사슬 참여지수의 계숫값은 음(-)의 부호를 나타내고 1% 수준에서 유의하다. 이는 글로벌 가치사슬에의 참여 증가율이 높을수록 노동 분배 몫의 감소율이 더 높다는 것을 의미한다.

지금까지의 분석에서는 노동을 동질적이라고 가정하였다. 여기서는 노동을 고숙련 노동(high skilled labor), 중간숙련 노동(medium skilled labor) 및 저숙련 노동(low skilled labor)으로 분리하여 글로벌 가치사슬의 형성과 심화가 이들 노동의 분배 몫에 미치는 영향을 분석하며, 그 결과는 〈표 4-6〉에 제시되어 있다.

모든 모형에는 국가-산업, 시간변동 국가 및 산업의 고정효과를

포함하였다. 모형 (1)과 (4)는 고숙련 노동의 분배 몫을 종속변수로 설정한 결과를 나타내고 있는데, 글로벌 가치사슬의 심화가 고숙련 노동의 분배 몫에 부정적인 영향을 미치는 것으로 나타났다. 아울러 글로벌 가치사슬의 심화로 인한 중간숙련 및 저숙련 노동의 분배 몫도 부정적으로 분석되었다. 계숫값의 크기를 보면 큰 차이가 없기 때문에 글로벌 가치사슬의 심화가 특정 노동에 압도적인 영향을 미치지 않고 거의 동일한 영향을 미치는 것으로 볼 수 있다.

4.2 아시아 국가의 노동 분배 몫

지금까지 전 세계 국가를 대상으로 글로벌 가치사슬의 심화가 노동의 분배 몫에 미치는 영향을 분석하였다. 여기서는 아시아 국가(일본, 한국, 중국, 대만, 인도네시아, 인도)를 대상으로 글로벌 가치사슬이 노동 분배 몫에 미치는 파급효과를 분석한다.

〈표 4-7〉은 시간변동 국가 및 산업 고정효과 그리고 국가-산업 고정효과를 적용한 결과를 나타내고 있다. 모형 (1)-(3) 모두에서 글로벌 가치사슬 참여지수의 계숫값은 음(-)의 부호를 나타내고 1% 수준에서 유의하게 나타났다. 즉 글로벌 가치사슬에의 참여가 높은 국가와 산업일수록 노동 분배 몫은 줄어드는 것으로 나타났다. 이는 전 세계를 대상으로 분석한 결과와 동일하다. 다만 차이점은 계숫값의 절대적 크기에 있는데, 전 세계의 경우 계숫값이 0.005-0.009인 데 비해 아시아 국가의 경우 -0.013으로 다소 크게 나타났다. 이는 아시아 국가의 경우 글로벌 가치사슬에의 참여가 노동 분배 몫을 더 크게 감소시켰다는 것을 의미한다.

〈표 4-8〉은 아시아 국가를 대상으로 글로벌 가치사슬 참여율의 변화가 노동 분배 몫의 변화에 미친 영향을 분석한 결과를 나타내고

〈표 4-7〉 아시아 국가에서의 글로벌 가치사슬 참여율과 노동 분배 몫

종속변수: ln(LS)	모형 (1)	모형 (2)	모형 (3)
ln(A_Output)	-	-0.008 (0.011)	-
ln(A_VA)	-	-	-0.055 (0.015)***
ln(KL)	-	-0.138 (0.015)***	-0.142 (0.014)***
ln(GVC)	-0.013 (0.002)***	-0.013 (0.002)***	-0.013 (0.002)***
λ_{hj}	포함	포함	포함
λ_{jt}	포함	포함	포함
λ_{ht}	포함	포함	포함
관측치	2,870	2,870	2,870
Adj. R-sq.	0.93	0.94	0.94

주) 괄호 안의 숫자는 표준편차를 나타내고 ***, ** 및 *은 1%, 5% 및 10% 수준에서의 유의성을 나타냄.

있다. 〈표 4-7〉과 동일하게 시간변동 국가 및 산업 고정효과 그리고 국가-산업 고정효과를 적용하였다. 노동 분배 몫 변화율의 계숫값은 음(-)의 부호를 나타내고 1% 수준에서 유의하게 나타났다. 글로벌 가치사슬에의 참여도가 높아질수록 노동 분배 몫의 변화율은 더 크게 감소한다는 것을 의미한다.

〈표 4-9〉는 노동을 고숙련, 중간 정도 숙련 및 저숙련 노동으로 분리하여 글로벌 가치사슬에의 참여가 이들 노동 분배 몫에 미치는 영향을 분석한 결과를 나타내고 있다. 〈표 4-6〉에서 제시하였듯이 전 세계를 대상으로 분석하면 글로벌 가치사슬에의 참여로 인해 모든 노동의 분배 몫이 감소하는 것으로 나타났다. 이에 반해 아시아 국가의 경우, 모형 (1), (3), (4)와 (6)에서는 글로벌 가치사슬 참여지수의 계숫

〈표 4-8〉 아시아 국가에서의 글로벌 가치사슬 참여율과 노동 분배 몫(차분분석)

종속변수: Δln(LS)	모형 (1)	모형 (2)	모형 (3)
Δln(A_Output)	-	-0.070 (0.007)***	-
Δln(A_VA)	-	-	-0.094 (0.014)***
Δln(KL)	-	-0.128 (0.018)***	-0.098 (0.019)***
Δln(GVC)	-0.007 (0.002)***	-0.006 (0.002)***	-0.006 (0.002)***
λ_{jt}	포함	포함	포함
λ_{ht}	포함	포함	포함
관측치	2,638	2,638	2,638
Adj. R-sq.	0.10	0.15	0.13

주) 괄호 안의 숫자는 표준편차를 나타내고 ***, ** 및 *은 1%, 5% 및 10% 수준에서의 유의성을 나타냄.

값은 음(-)의 부호를 나타내고 1% 수준에서 유의한 반면에 중간 정도 숙련 노동의 분배 몫을 종속변수로 설정한 모형 (2)와 (5)의 글로벌 가치사슬 참여지수의 계숫값은 유의하지 않게 나타났다. 이는 글로벌 가치사슬에의 참여가 고숙련 노동과 저숙련 노동의 분배 몫을 감소시키는 데 기여하였다는 것을 의미한다. 한편, 모형 (2)와 (5)에서 중간숙련 노동의 분배 몫에는 유의한 영향을 미쳤다는 증거를 발견할 수 없었다. 이는 아시아 국가에서의 노동 분배 몫의 변화가 전 세계와 구별되는 차이점이다. 이 장에서는 아시아 지역에서 글로벌 가치사슬에의 참여가 중간숙련 노동의 분배 몫에 유의한 영향을 미치지 않은 이유를 분석하지 않는다. 이는 연구의 범위를 벗어나며 이를 규명하는 것은 향후 중요한 과제로 남긴다.

〈표 4-9〉 아시아 국가에서의 글로벌 가치사슬의 심화가 이질적 노동 분배 몫에 미치는 영향

종속변수	ln(LS_H) 모형 (1)	ln(LS_M) 모형 (2)	ln(LS_L) 모형 (3)	ln(LS_H) 모형 (4)	ln(LS_M) 모형 (5)	ln(LS_L) 모형 (6)
ln(A_Output)	-0.013 (0.017)	-0.023 (0.042)	-0.034 (0.017)**	-	-	-
ln(A_VA)	-	-	-	-0.069 (0.021)***	-0.079 (0.053)	0.016 (0.022)
ln(KL)	-0.108 (0.021)***	-0.141 (0.052)***	-0.153 (0.021)***	-0.113 (0.020)***	-0.156 (0.051)***	-0.143 (0.020)***
ln(GVC)	-0.017 (0.003)***	-0.012 (0.008)	-0.012 (0.003)***	-0.017 (0.003)***	-0.011 (0.008)	-0.013 (0.003)***
λ_{hj}	포함	포함	포함	포함	포함	포함
λ_{jt}	포함	포함	포함	포함	포함	포함
λ_{ht}	포함	포함	포함	포함	포함	포함
관측치	2,870	2,870	2,870	2,870	2,870	2,870
Adj. R-sq.	0.97	0.62	0.97	0.97	0.62	0.97

주) 괄호 안의 숫자는 표준편차를 나타내고 ***, ** 및 *은 1%, 5% 및 10% 수준에서의 유의성을 나타냄.

제5장

지역무역협정과 부가가치 수출

1. 문제 제기

이 장에서는 지역무역협정이 부가가치 수출에 미치는 영향을 분석한다. 1990년대 들어서면서 지역무역협정은 전 세계적으로 확산되었다. 다자간 협상에 의한 무역자유화가 더디게 진행되었고, 다른 국가의 지역무역협정이 확산됨에 따라 지역무역협정을 체결하지 않은 국가가 부담해야 하는 기회비용이 점차 증가하는 소위 "도미노 효과"(Baldwin, 1993)가 발생하였기 때문이다. 이러한 주변 환경과 더불어 지역무역협정을 체결하는 근본적인 이유는 회원국 간 무역창출효과(trade creation effects)를 기대하기 때문이다.

지역무역협정의 무역창출효과에 대한 선행 연구는 총무역(aggregated gross trade)에 집중되어 있다. 그러나 앞서 살펴보았듯이 글로벌 가치사슬이 심화됨에 따라 국가 간 총무역은 여러 외국에서 생산된 중간재를 포함하고 있기 때문에 총무역의 증가가 곧 국내부가가치의 증가와 일치하지 않게 된다. 이러한 상황에서 다음과 같은 질문이 제기된다. 지역무역협정의 체결이 국내부가가치로 측정한 무역의 증가에 얼마만큼 기여하는가? 이 물음에 답하기 위해서는 지역무역협정의 무역창출효과를 분석함에 있어서 총무역이 아니라 부가가치 수출을 기준으로 분석할 필요가 있다.

총액 기준으로 수출을 측정하면 수입된 중간재를 가공하여 다시 수출할 경우에 여러 국가로부터 수입된 중간재를 총수출로 계산하는 이중계산(double counting) 문제가 발생한다. Johnson and Noguera(2012a)는 총액 기준이 아니라 외국으로부터 수입된 중간재를 제외하여 부가가치 수출로 측정하면 2004년 미국의 대중국 무역적자는 현재 규모에서 40% 줄어든다고 추정하고 있다. 또한 Bems *et al.*(2011)은 금융위기 이후 세계 실질 GDP의 감소에 비해 실질 무역의 감소가 4배에 달하는 이유를 중간재 무역을 통한 국가 간 수직적 연결(vertical linkages)로 설명하고 있다. 이와 동일한 논리로 지역무역협정의 무역창출효과를 총액을 기준으로 측정할 경우 지역무역협정의 무역창출효과를 과대 추정할 가능성을 배제할 수 없기 때문에 이 장에서는 부가가치 수출을 기준으로 지역무역협정이 회원국 간 무역을 증가시키는 데 기여하였는지 분석한다.

2. 실증분석 모형 및 데이터

지역무역협정의 무역창출효과를 총액 기준으로 무역의 흐름을 분석할 때 가장 널리 사용되는 실증분석모형은 확대된 중력모형(augmented gravity model)이다. 중력모형은 두 국가 간 무역 규모는 국내총생산(GDP)으로 측정한 경제규모와 양국 간의 거리에 의해 결정된다고 보는데, 여기에 덧붙여 지역무역협정을 나타내는 이항변수를 추가함으로써 지역무역협정의 무역창출효과를 분석한다. 중력모형은 또한 단일통화, 경제통합 등이 무역에 미치는 영향을 분석하는 데 사용되기도 한다. 특히 McCallum(1995)은 국내거래와 국제거래의 차이를 유발하는 국경효과(border effect)를 분석하기 위해 중력모형을 사용하고 있는데, 캐나다 국내거래가 미국과 캐나다 사이의 무역보다 2,200배 더 많이 이루어지고 있다고 지적하고 있다. 이렇게 지나치게 높은 국경효과를 Obstfeld and Rogoff(2000)는 국제거시경제의 6대 수수께끼 중 하나로 기록하고 있다. Anderson and Wincoop(2003)은 McCallum(1995)의 연구결과에 의문을 제기하면서 국경효과의 측정에 적용될 수 있는 중력모형의 새로운 이론적 기반을 제공하고 있다.

중력모형을 이용하여 무역정책의 변화가 무역에 미치는 파급효과를 분석할 때, 무역정책의 변화 이전과 이후를 비교하는 방법으로 일반적으로 더미변수를 활용한다. 즉 지역무역협정의 무역창출효과를 분석할 때 지역무역협정의 체결 여부를 나타내는 이항변수로 지역무역협정을 표현한다. 이러한 표준중력모형과 유사하게 Johnson and Noguera(2012b), Johnson and Noguera(2012c)는 국가 간 거리와 FTA가 부가가치 무역(trade in value added)에 미치는 영향을 분석하고 있다.[1] 부가가치 무역도 무역의 흐름이기 때문에 부가가치 무역의 결정요인을 분석하는 많은 연구들이 실제로 중력모형을 사용하고 있다. 그러나 부가가치와 최종재 수요의 관계가 선형이 아니기 때문에 양국 간 부가가치 무역을 위한 중력모형을 이론적으로 도출하기는 간단하지 않은데, Noguera(2012)는 양자 간 부가가치 무역을 선형화하고 총액 기준 중력모형과 결합하여 부가가치 무역을 위한 중력모형을 도출하고 있다. 표준중력모형과 유사하지만 수출국과 수입국의 경제규모, 양자 간 무역

1 글로벌 가치사슬 또는 무역을 통한 국가 간 생산의 분할에 대한 연구는 Hummels *et al.*(2001)이 수직적 특화(vertical specialization)를 분석한 때부터 본격화되었는데, 국내총생산의 증가에 비해 더 빠른 속도로 무역이 증가하는 이유를 국가 간 수직적 특화에서 찾고 있다.

비용 그리고 다자간 무역저항(multilateral resistance)이 단순히 양국 간의 관계로 정의되지 않고 글로벌 사슬구조인 투입-산출 구조를 통해 제3국과 연결되어 있다는 점이 특징이다.[2] 그러나 실증분석에서 제3국과의 모든 관계를 반영하기는 매우 어렵기 때문에 이 장에서는 부가가치 무역의 결정요인을 분석함에 있어서 표준중력모형을 이용한다.

아울러 총액 기준의 무역 흐름을 분석할 때 사용되는 양자 간 중력 모형(bilateral gravity model)에서 양국 간 경제규모를 대용하는 변수로 국내총생산(GDP)을 사용하고 있으나, Baldwin and Taglioni(2011)는 중간재와 부품의 교역이 존재할 때 부가가치로 측정되는 국내총생산은 경제규모를 나타내는 대용변수로 적합하지 않다고 지적하고 있다. 해당 국가의 지출규모를 나타내는 국내총생산은 글로벌 가치사슬로 연결되어 있는 국가 간의 중간재 수요를 적절하게 포착하지 못하기 때문이다. 이러한 문제를 해결하기 위해 Baldwin and Taglioni(2011)는 국내총생산 대신에 총산출(gross output)을 사용할 것을 권고하고 있다. 이 장에서는 국내총생산과 총산출을 대용변수로 사용하면서 Baldwin and Taglioni(2011)의 가설을 검증한다.

선행 연구에 기초하여 이 장에서 설정한 확대된 중력모형은 다음과 같다.

$$\ln EX_{hjt} = \alpha_{hj} + \beta_1 \ln Y_{ht} + \beta_2 \ln Y_{jt} + \beta_3 \ln Dist_{hjt} + \gamma' X + \theta RTA_{hjt} + \delta Year_t + e_{hjt} \quad (5\text{-}1)$$

2 Noguera(2012)의 모형에서 수출 부가가치의 결정요인은 i국가에서 j국가로의 수출 부가가치 대비 k국가에서 생산된 중간재에 포함된 i국가의 부가가치의 비율 또는 i국가로부터 j국가로의 수출 부가가치에서 j국가에 팔린 k국가 최종재에 포함된 i국가의 부가가치의 비율 등을 양국의 총산출, 무역비용, 다자간 무역저항과 곱한 형태를 띤다.

- EX_{hjt}: t년도 h국가로부터 j국가로의 총수출 또는 부가가치 수출
- Y: 경제규모를 나타내는 대용변수로서 제조업의 부가가치 또는 총산출
- X: 중력모형에 포함되는 기본 변수로서 양국 간 거리, 식민지 관계 여부, 공통 언어 및 국경 인접 여부를 포함
- RTA_{hjt}: t년도 h국과 j국의 자유무역협정의 체결 여부
- $Year$: 해당 연도 더미변수

식 (5-1)을 최소자승법(OLS)으로 추정하면 관찰할 수 없는 각 국가쌍 고유의 특성을 통제하지 못하여 누락변수편의(omitted variable bias)가 발생하고 이로 인해 추정치에 편의(bias)가 생긴다. 패널데이터의 경우 이러한 문제를 해결하기 위한 표준적인 방법으로 국가조합(국가쌍)의 관계를 나타내는 α_{jk}를 포함하는 고정효과모형(fixed effect model)과 임의효과모형(random effect model)이 사용된다.

그러나 이러한 고정효과모형 및 임의효과모형도 Anderson and van Wincoop(2003)가 제기한 다자간 저항성을 통제하지 못한다. 양자간의 무역(bilateral trade)은 양자 간 무역장벽(bilateral barriers to trade)에 의해서도 영향을 받지만, 또한 각 국가가 모든 무역 파트너 국가와 직면하는 다자간 무역장벽(multilateral barriers to trade)에 의해서도 영향을 받는다. Anderson and van Wincoop(2003)는 이러한 여타 국가와의 상대적인 무역장벽을 다자간 저항성(multilateral resistance)으로 칭하고 있다. 아울러 Baier and Bergstrand(2007)는 FTA의 체결이 내생변수이기 때문에 이를 통제하지 않을 경우 편의가 발생한다고 지적하면서 FTA의 평균처리효과(average treatment effects)를 통제해야 한다고 지적하고 있다.

이러한 실증분석의 문제를 명시적으로 고려하기 위한 방법으로 Rose and van Wincoop(2001), Mélitz(2007), Baier and Bergstrand(2007)

등은 국가 고정효과모형(country fixed effects model)을 제시하고 있다. 그러나 패널데이터에서는 시간이 변함에 따라 국가의 특성도 변화할 수 있는 가능성을 고려할 필요가 있다. 그러므로 Baldwin(2006), Baldwin and Taglioni(2006) 등은 시간변동 수출국-수입국 고정효과모형(time-varying exporter and importer fixed effects model)을 제시하고 있다.

시간변동 수출국-수입국 고정효과를 포함한 실증분석모형은 다음과 같다.

$$\ln EX_{hjt} = \alpha_{hj} + \alpha_{ht} + \alpha_{jt} + \theta RTA_{hjt} + e_{hjt} \quad (5\text{-}2)$$

α_{ht}와 α_{jt}는 각각 h국의 시간변동 고정효과와 j국의 시간변동 고정효과를 나타낸다. 즉 시간변동 수출국 고정효과(time varying exporter fixed effects)와 시간변동 수입국 고정효과(time varying importer fixed effects)를 가리킨다. 시간변동 수출국 및 수입국 고정효과가 각 개별 국가 고유의 특징을 모두 통제하기 때문에 경제규모를 나타내는 국내총생산은 설명변수에서 사라진다.

서비스 교역이 증가하고 있으나 전통적인 지역무역협정의 무역창출효과는 제품의 무역창출효과를 의미하기 때문에 여기서는 농림수산업과 제조업만을 대상으로 분석한다. 제품의 총수출 또는 부가가치 수출에 대한 데이터는 제2장에서 산출된 국내부가가치(DVX)를 이용한다. 또한 총산출 및 제조업의 부가가치에 대한 데이터는 세계투입산출 데이터베이스(WIOD)에서 산출하였다. 국가 간 거리 그리고 중력모형에 포함되는 기본 변수인 공통 언어, 식민지 경험 등은 CEPII 데이터베이스를 이용하였으며, 지역무역협정에 대한 자료는 WTO RTA database에서 얻었다(표 5-1).

〈표 5-1〉 지역무역협정의 무역창출효과 통계 요약

변수	관측치	평균	표준편차	최소	최대
총수출 로그값	26,514	5.65	2.77	-13.55	12.93
부가가치 수출 로그값	26,514	4.73	2.74	-12.79	12.16
수출(입)국 부가가치 로그값	26,520	10.63	1.88	6.48	14.66
수출(입)국 총산출	26,520	11.85	1.89	7.73	16.29
거리의 로그값	26,514	7.76	1.09	4.09	9.84
국경인접	26,514	0.07	0.26	0.00	1.00
식민지	26,514	0.03	0.17	0.00	1.00
공통언어	26,514	0.06	0.23	0.00	1.00
RTA	26,514	0.41	0.49	0.00	1.00

3. 분석 결과

실증분석모형 (5-1)에 따라 국가조합의 임의효과모형으로 분석한 결과는 〈표 5-2〉에 제시되어 있다. 부가가치를 기준으로 국가의 경제규모를 측정하였으며, 제2장에서 정의하였듯이 총수출, 총부가가치 수출, 직·간접 부가가치 수출 및 직접 부가가치 수출을 종속변수로 설정하였다. 모든 모형에서 부가가치로 측정한 경제규모의 계숫값은 기대했던 바와 같이 양(+)의 부호를 갖고 1% 수준에서 유의하게 나타났다. 그러나 양국 간 거리의 경우 총수출과 직접 부가가치 수출은 음(-)의 부호를 갖고 1% 수준에서 유의하게 분석되었으나, 총부가가치 수출과 직·간접 부가가치 수출에서는 유의하지 않게 나타났다. 이는 제3국의 수출에 포함된 국내부가가치 및 환류 부가가치가 포함되었기 때문으로 보이나, 정확한 원인을 밝히기 위해서는 추가적인 분석이 필요하며 이는 향후 과제로 남아 있다. 또한 과거 식민지 관계(colony)는 유의하지 않았으며, 공통 언어(common language)와 국경 인접(border)은 모든 모형에

〈표 5-2〉 지역무역협정의 무역창출효과(국가조합 임의효과모형 I)

종속변수	ln(GX)	ln(TDVX)	ln(VAX)	ln(DVX)
	모형 (1)	모형 (2)	모형 (3)	모형 (4)
$\ln(VA_{ht})$	0.888 (0.012)a	0.856 (0.007)a	0.852 (0.007)a	0.920 (0.011)a
$\ln(VA_{jt})$	0.798 (0.012)a	0.769 (0.007)a	0.768 (0.007)a	0.787 (0.011)a
ln(Dist)	-0.223 (0.019)a	0.014 (0.011)	0.015 (0.011)	-0.015 (0.017)a
Colony	0.052 (0.046)	-0.019 (0.024)	-0.021 (0.023)	0.041 (0.040)
Common Language	0.225 (0.042)a	0.116 (0.022)a	0.115 (0.022)a	0.199 (0.037)a
Border	1.893 (0.111)a	1.894 (0.086)a	1.877 (0.085)a	1.910 (0.106)a
RTA	0.213 (0.018)a	0.127 (0.009)a	0.127 (0.009)a	0.191 (0.016)a
연도고정효과	포함	포함	포함	포함
R-Sq.	0.74	0.79	0.79	0.75
관측치	26,514	26,514	26,514	26,514

주) 모든 모형은 국가조합 임의효과(country-pair random effects), 연도고정효과(year fixed effects)를 포함하며, 상수항은 별도로 보고하지 않음. a, b, c는 각각 1%, 5%, 10% 수준에서의 유의도를 나타냄.

서 양(+)의 계숫값을 갖고 1% 수준에서 유의하게 나타났다.

이 장의 관심 변수인 지역무역협정(RTA)의 계숫값은 모든 모형에서 양(+)의 부호를 갖고 1% 수준에서 유의하다. 총수출이 종속변수인 모형 (1)에서 지역무역협정의 계숫값은 0.213인데 이는 지역무역협정의 무역창출효과가 약 23.7%(=exp(0.213)-1)에 달한다는 것을 의미한다. 종속변수가 총부가가치 수출인 모형 (2)에서 지역무역협정의 계숫값은 여전히 1% 수준에서 유의한데 그 크기는 0.127로 낮아졌으며, 직·간접 부가가치 수출이 종속변수인 모형 (3)에서 지역무역협정의

〈표 5-3〉 지역무역협정의 무역창출효과(국가조합 임의효과모형 II)

종속변수	ln(GX)	ln(TDVX)	ln(VAX)	ln(DVX)
	모형 (1)	모형 (2)	모형 (3)	모형 (4)
$\ln(Output_{ht})$	0.898 (0.011)a	0.827 (0.007)a	0.823 (0.007)a	0.897 (0.011)a
$\ln(Output_{jt})$	0.791 (0.011)a	0.767 (0.007)a	0.766 (0.007)a	0.782 (0.011)a
ln(Dist)	-0.166 (0.019)a	0.080 (0.011)a	0.081 (0.011)a	-0.085 (0.017)a
Colony	0.059 (0.046)	-0.012 (0.024)	-0.014 (0.024)	0.050 (0.040)
Common Language	0.209 (0.042)a	0.102 (0.022)a	0.101 (0.022)a	0.186 (0.037)a
Border	1.955 (0.112)a	1.979 (0.088)a	1.961 (0.088)a	1.990 (0.108)a
RTA	0.218 (0.018)a	0.137 (0.009)a	0.138 (0.009)a	0.204 (0.016)a
연도고정효과	포함	포함	포함	포함
R-Sq.	0.73	0.77	0.77	0.75
관측치	26,514	26,514	26,514	26,514

주) 모든 모형은 국가조합 임의효과(country-pair random effects), 연도고정효과(year fixed effects)를 포함하며, 상수항은 별도로 보고하지 않음. a, b, c는 각각 1%, 5%, 10% 수준에서의 유의도를 나타냄.

계숫값은 0.127로 같은데, 지역무역협정의 체결로 회원국 간 총부가가치 수출 및 직·간접 부가가치 수출이 약 13.5% 증가하였다는 것을 의미한다. 마지막으로 종속변수가 직접 부가가치 수출인 모형 (4)에서 지역무역협정의 계숫값은 0.191이며, 이는 지역무역협정으로 인한 회원국 간 직접 부가가치 수출의 증가가 약 21%에 달한다는 것을 의미한다.

앞서 논의하였듯이 해당 국가의 지출규모를 나타내는 국내총생산은 글로벌 가치사슬로 연결되어 있는 국가 간의 중간재 수요를 적절하게 포착하지 못하기 때문에 Baldwin and Taglioni(2011)는 경제규모의 대용변수로 총산출을 사용할 것을 권고하고 있다. 이에 따라 농림수산업 및 제조업의 총부가가치 대신에 총산출을 설명변수에 포함하여 지역무역협정의 무역창출효과를 분석한 결과는 〈표 5-3〉에 요약되어 있다. 비록 총산출을 경제규모를 나타내는 대용변수로 사용하였으나, 모든 모형에서 그 계숫값의 크기는 〈표 5-2〉에서 제시된 총부가가치의 계숫값과 거의 유사하게 나타났다. 즉 Baldwin and Taglioni(2011)의 우려와는 달리 경제규모의 대용변수로 부가가치 개념의 국내총생산 또는 총산출 어떤 것을 사용하여도 분석 결과에 큰 영향을 미치지 않는 것으로 나타났다. 또한 지역무역협정의 계숫값도 〈표 5-2〉와 큰 차이가 없고, 모든 모형에서 유의하게 나타났다.

〈표 5-4〉는 국가조합 고정효과(country pair fixed effects)를 사용하여 지역무역협정이 총수출에 미치는 영향을 분석한 결과를 나타내고 있다. 이에 따라 시간의 변화에 관계없이 일정한 거리, 식민지 관계 등의 변수는 사라지고, 시간에 따라 변화하는 총부가가치 또는 총산출 및 지역무역협정의 변수만 설명변수에 포함된다.

아울러 모형 (3)은 시간변동 수출국 및 수입국 고정효과모형을 적용한 결과를 나타내고 있는데, 여기서는 총부가가치 및 총산출도 사라지고 오직 지역무역협정만이 남아 있게 된다. 모형 (3)에서 지역무역협정의 계숫값은 0.107이며, 이는 지역무역협정의 체결로 회원국 간 총수출이 약 11.3% 증가하였다는 것을 의미한다. 앞서 임의효과모형을 적용하여 분석한 결과에 비해 계숫값의 크기가 크게 낮아졌다. 임의효과모형과 고정효과모형의 적합성을 평가하기 위해 하우스먼 테스트(Hausman test)를 수행한 결과, 고정효과모형이 더 적합한 것으로 나타났다.[3]

〈표 5-5〉는 지역무역협정이 총부가가치 수출에 미치는 영향을 분

〈표 5-4〉 지역무역협정이 총수출에 미치는 영향(국가조합 고정효과)

종속변수: 총수출 로그값 또는 ln(GX)	모형 (1)	모형 (2)	모형 (3)
$ln(VA_{ht})$	0.867 (0.017)a	-	-
$ln(VA_{jt})$	0.847 (0.017)a	-	-
$ln(Output_{ht})$	-	0.903 (0.017)a	-
$ln(Output_{jt})$	-	0.847 (0.016)a	-
RTA	0.150 (0.018)a	0.157 (0.017)a	0.107 (0.020)a
연도고정효과	포함	포함	포함
시간변동 수출국 고정효과	미포함	미포함	포함
시간변동 수입국 고정효과	미포함	미포함	포함
R-Sq.	0.64	0.65	0.96
관측치	26,514	26,514	26,514

주) 상수항은 분석에 포함하였으나 별도로 보고하지 않음. a, b, c는 각각 1%, 5%, 10% 수준에서의 유의도를 나타냄.

석하기 위해 총부가가치 수출을 종속변수로 설정하고 국가조합 고정효과모형을 적용하여 분석한 결과를 제시하고 있다. 〈표 5-4〉에서와 마찬가지로 모형 (3)은 시간변동 수출국 및 수입국 고정효과모형을 적

3 〈표 5-2〉의 모형 (1)과 〈표 5-5〉의 모형 (1)은 동일한 종속변수와 설명변수를 이용하면서 임의효과모형과 고정효과모형을 적용하고 있다. 하우스먼 테스트 결과를 보면 Chi2=896.9이고 Prob 〉Chi2=0.00이어서 고정효과모형이 더 적합한 것으로 나타났다. 그 외 모든 모형의 하우스먼 테스트 결과도 그 값은 각기 다르지만 고정효과모형이 더 적합한 것으로 분석되었으며, 각각의 결과는 별도로 보고하지 않는다.

〈표 5-5〉 지역무역협정이 총국내부가가치 수출에 미치는 영향(국가조합 고정효과)

종속변수: 총국내부가가치 수출 로그값 또는 ln(TDVX)	모형 (1)	모형 (2)	모형 (3)
$\ln(VA_{ht})$	0.854 (0.008)a	-	-
$\ln(VA_{jt})$	0.819 (0.008)a	-	-
$\ln(Output_{ht})$	-	0.815 (0.008)a	-
$\ln(Output_{jt})$	-	0.818 (0.008)a	-
RTA	0.084 (0.008)a	0.089 (0.008)a	0.108 (0.011)a
연도고정효과	포함	포함	포함
시간변동 수출국 고정효과	미포함	미포함	포함
시간변동 수입국 고정효과	미포함	미포함	포함
R-Sq.	0.75	0.74	0.98
관측치	26,520	26,520	26,520

주) 상수항은 분석에 포함하였으나 별도로 보고하지 않음. a, b, c는 각각 1%, 5%, 10% 수준에서의 유의도를 나타냄.

용하여 분석한 결과이다. 지역무역협정의 계숫값은 1% 수준에서 유의하며 그 크기는 0.108로 총수출의 경우와 거의 같은 수준으로 나타났다. 아울러 R-sq.의 계숫값은 0.98로 나타났으며, 시간변동 수출국 및 수입국 고정효과모형의 설명력이 매우 높다는 것을 알 수 있다.

〈표 5-6〉은 직·간접 국내부가가치 수출을 종속변수로 설정하여 분석한 결과를 나타내는데, 총부가가치 수출의 경우와 거의 유사하게 나타났다. 또한 모형 (3)의 R-sq.는 0.99로 시간변동 수출국 및 수입국 고정효과모형이 두 국가 간의 직·간접 국내부가가치 수출 흐름을 거의 완벽하게 설명하고 있다는 것을 시사한다.

〈표 5-6〉 지역무역협정이 직·간접 국내부가가치 수출에 미치는 영향(국가조합 고정효과)

종속변수: 직·간접국내부가가치 수출 로그값 또는 ln(VAX)	모형 (1)	모형 (2)	모형 (3)
$\ln(VA_{ht})$	0.849 (0.008)a	-	-
$\ln(VA_{jt})$	0.819 (0.008)a	-	-
$\ln(Output_{ht})$	-	0.810 (0.008)a	-
$\ln(Output_{jt})$	-	0.817 (0.008)a	-
RTA	0.084 (0.008)a	0.090 (0.008)a	0.108 (0.011)a
연도고정효과	포함	포함	포함
시간변동 수출국 고정효과	미포함	미포함	포함
시간변동 수입국 고정효과	미포함	미포함	포함
R-Sq.	0.75	0.74	0.99
관측치	26,520	26,520	26,520

주) 상수항은 분석에 포함하였으나 별도로 보고하지 않음. a, b, c는 각각 1%, 5%, 10% 수준에서의 유의도를 나타냄.

〈표 5-7〉은 직접 국내부가가치 수출을 종속변수로 하여 지역무역협정의 무역창출효과를 분석한 결과를 나타내고 있다. 시간변동 수출국 및 수입국 고정효과모형을 적용한 모형 (3)에서 지역무역협정의 계숫값은 0.112이며, 이는 지역협정의 무역창출효과가 약 11.9%에 달한다는 것을 의미한다. 지역무역무역협정이 총수출에 미치는 영향을 분석한 〈표 5-4〉에서 지역무역협정의 계숫값이 0.107이었던 데 비해 지역무역협정이 직접 부가가치 수출에 미치는 영향이 약간 더 크게 나타났으나 큰 차이는 아니다.

〈표 5-7〉 지역무역협정이 직접 국내부가가치 수출에 미치는 영향(국가조합 고정효과)

종속변수: 직접국내부가가치 수출 로그값 또는 ln(DVX)	모형 (1)	모형 (2)	모형 (3)
$\ln(VA_{ht})$	0.908 (0.015)a	-	-
$\ln(VA_{jt})$	0.849 (0.015)a	-	-
$\ln(Output_{ht})$	-	0.876 (0.015)a	-
$\ln(Output_{jt})$	-	0.851 (0.015)a	-
RTA	0.139 (0.015)a	0.145 (0.015)a	0.112 (0.011)a
연도고정효과	포함	포함	포함
시간변동 수출국 고정효과	미포함	미포함	포함
시간변동 수입국 고정효과	미포함	미포함	포함
R-Sq.	0.67	0.67	0.99
관측치	26,514	26,514	26,514

주) 상수항은 분석에 포함하였으나 별도로 보고하지 않음. a, b, c는 각각 1%, 5%, 10% 수준에서의 유의도를 나타냄.

제6장

결론

1. 요약

이 책은 아시아 생산네트워크의 진화를 분석함으로써 아시아 국가의 글로벌 생산네트워크에의 참여와 국가 간 긴밀성을 파악하고, 이로 인한 파급효과를 분석하는 데 주된 목적이 있다. 특히 무역패턴을 설명하는 데 가장 기본적인 이론인 비교우위론이 생산네트워크가 형성된 오늘날에도 여전히 유효한지를 검증하고, 생산네트워크의 형성이 노동 분배 몫에 미치는 영향 그리고 전 세계적으로 확산된 지역무역협정의 무역창출효과를 총수출이 아닌 부가가치 수출을 기준으로 검증하였다.

먼저 아시아 국가 간 무역의 흐름이 어떻게 변화했으며, 특히 부가가치 기준으로 측정한 무역을 통한 국가 간의 상호연계가 어떻게 진화되고 있는지를 분석하였다. 총무역을 기준으로 보면, 1995년 아시아 국가의 수출 대상 국가는 압도적으로 미국이었으나, 2011년 아시아 국가의 수출시장이 미국에서 중국으로 바뀌었다. 부가가치 수출을 기준으로 아시아 국가의 수출 흐름을 보면 총수출의 경우와 큰 차이가 없이 1995년 미국이 아시아 국가의 가장 큰 수출시장이었고, 2011년 부가가치 수출의 흐름도 2011년 총수출의 흐름과 거의 유사하게 중국으로의 수출이 압도적으로 높은 비중을 차지하고 있다. 특히 대만과 더불어 한국의 대중국 부가가치 수출이 30%를 초과하고 있어서 수출시장에 있어 대만과 한국의 대중국 의존도가 크게 높아진 것으로 나타났다.

이러한 수출 흐름의 변화는 중간재 수출에서도 유사하게 나타났다. 1995년 총수출과의 차이는 일본이 인도네시아, 베트남, 한국의 중간재 수출시장이라는 점이다. 2011년의 중간재 수출 흐름을 보면 미국 대신에 중국이 아시아 국가의 중간재 수출시장으로 자리 잡고 있다. 특히 한국은 중간재 수출의 30% 이상을 중국으로 수출하고 있다. 아울러 중국의 주된 중간재 수출시장은 미국으로 나타났다.

아울러 글로벌 가치사슬이 심화되고 있음을 확인할 수 있는데, 전 세계의 총수출에서 중간재 수출의 비중이 1995년 56.6%에서, 2011년 63.8%로 7.2% 포인트 증가하였다. 또한 다른 아시아 국가에서도 중간재 수출의 비중이 증가한 것으로 나타났다. 특히 한국의 경우 1995년 중간재 수출이 56.6%였는데, 2011년에는 중간재 수출의 비중이 65.6%로 9% 포인트 증가하여 중간재 수출의 비중이 전 세계 평균에 비해 더 크게 증가하였다.

또한 글로벌 가치사슬의 심화는 부가가치 수출이 총수출에서 차지하는 비중을 통해서도 확인할 수 있다. 세계 전체와 아시아 국가의 총국내부가가치 수출의 비중은 점차 감소하고 있는데, 아시아 국가의 경우 1995년 0.81에서 2011년 0.70으로 낮아졌고, 세계 전체는 0.58에서 0.52로 줄어들었다. 아시아의 경우 글로벌 가치사슬이 심화되고 있으나, 총국내부가가치 수출의 비중이 세계 전체에 비해 높은 수준을 보이고 있어서 글로벌 가치사슬에의 참여 정도는 상대적으로 낮은 수준이다.

산업별로 살펴보면, 1995-2011년 기간 아시아, EU 15개국, NAFTA 국가의 총수출에서 부가가치 수출이 차지하는 비중이 가장 크게 감소한 산업은 석유 및 정유 산업이고 그다음이 전기, 가스 및 수도 산업이며, 가장 작게 감소한 산업은 전기전자 산업으로 분석되었다.

한편 한국과 글로벌 가치사슬에 참여하고 있는 국가를 살펴보면, 한국의 2011년 대중국 전방참여도 지수는 8.43%로 다른 국가에 비해 훨씬 높은 것으로 나타났다. 또한 한국의 대미국 전방참여도 지수는 1995년에 비해 2011년 크게 감소하였고, 이는 미국의 총수출에서 한국에서 창출된 부가가치의 비중이 점차 낮아지고 있다는 것을 의미한다. 아울러 한국의 후방참여도 지수가 높은 국가는 중국과 베트남이며, 이는 한국의 수출에서 이들 국가에서 창출된 부가가치가 상대적으로 많이 포함되어 있다는 것을 의미한다.

이러한 분석에도 불구하고 이 책에서는 각 개별 산업의 특징이 부가가치 수출의 변화에 어떻게 연관되어 있는지를 분석하지 않았으며, 이것이 연구의 한계점이다. 부가가치 수출의 변화는 자연발생적인 것이 아니라 산업별 특징과 연관되어 있을 수밖에 없기 때문이다. 이러한 산업별 특징이 부가가치 수출에 미치는 영향과 향후 변화 방향의 예측은 중요한 연구 과제로 남겨 둔다.

또한 재화의 거의 모든 생산 과정이 한 국가에서 이루어지던 과거와는 달리 생산네트워크의 형성으로 총수출에서 부가가치 수출이 차지하는 비중은 낮아지고 있는 추세이고, 특히 한국의 경우 부가가치 수출의 비중이 세계에서 가장 낮다. 이렇듯 생산 과정이 전 세계로 분화됨에 따라 총수출은 외국에서 창출된 부가가치를 상당 부분 포함하고 있기 때문에 전 생산 과정이 국내에서 이루어질 때 유효했던 수출장려정책은 더 이상 산업 발전 전략으로 적합하지 않다고 판단된다. 과거에는 어떤 산업의 전체 생산 과정의 발전을 통해 해당 산업의 발전이 가능했으나, 생산네트워크가 형성된 오늘날에는 전체 생산 과정이 아니라 특정 생산 과정의 전문화를 통해 산업 발전을 도모하는 전

략이 더 유효할 수 있다. 그러므로 단순 수출장려정책이 아니라 더 높은 부가가치를 창출할 수 있는 특정 생산 과정의 전문화와 가치사슬의 업그레이드가 보다 의미 있는 전략으로 평가된다.

국제무역패턴을 결정하는 중요 요인은 비교우위이다. 전 생산 과정이 일국에서 이루어지던 과거와는 달리, 여러 국가에 걸쳐 이루어지는 글로벌 생산네트워크가 심화되고 있는 상황에서 부가가치로 측정한 무역패턴도 여전히 비교우위에 의해 결정되는지를 분석하였다. 이를 위해 세계투입산출표와 사회경제계정을 이용하여 1995-2009 기간 전 세계 40개국 14개 제조업의 양자 간 총수출을 직접, 간접 및 환류 부가가치 등으로 분해하고, 생산성이 각종 부가가치 수출에 미치는 영향을 분석하였다. 연구에 사용된 자료는 수출국, 수입국, 산업 및 시간이라는 4차원 패널데이터의 구조를 갖고 있는데, 관찰할 수 없는 요인을 통제하기 위해 시간변동 수입국-산업 고정효과, 시간변동 수출국-수입국 고정효과와 수출국-산업 고정효과를 적용하였다. 아울러 내생성의 문제를 통제하기 위해 R&D를 도구변수로 활용하였다.

전 세계를 대상으로 분석한 결과를 보면, 글로벌 가치사슬이 심화되면서 각각의 생산 과정이 지리적으로 분리된 상황에서도 비교우위를 지닌 산업이 수출한다는 리카도 모형의 예측이 성립한다는 증거를 발견하였다. 이러한 결과는 국가 그룹을 EU, 선진국 및 개도국으로 분리하여도 동일하게 나타났다. 그러나 한중일 3국과 인도, 인도네시아 및 대만으로 구성된 아시아 국가를 대상으로 분석하면, 생산성의 계숫값이 유의하지 않게 나타났다. 이는 아시아 지역의 경우 리카도 모형의 예측이 적용되지 않는다는 것을 의미한다. 즉 생산성이 높은 산업이 비교우위를 갖고 그 산업이 수출한다는 리카도 모형이 타당하다는 증거를 발견할 수 없다. 한편, 한중일 3국만을 대상으로 분석하면 비교우위가 무역패턴을 결정하는 데 유의미한 영향을 미치는 것으로 나타났다. 즉 한중일 3국의 경우 생산성이 높은 산업에 비교우위를 갖고 해당 제품을 수출한다는 리카도 모형의 예측이 총부가가치 수출에서도 여전히 유효하였다. 이 책에서는 아시아 국가의 경우 리카도 모형의 예측이 적용되지 않는 이유를 분석하지 않았으며, 이것 역시 연구의 한계점이고 향후 중요한 연구 과제로 남긴다.

아울러 앞서 언급하였듯이 이 연구가 종료될 시점에 2014년까지 연장된 세계투입산출표가 출시되었다. 그러나 물리적인 한계로 인하여 이 연구의 모든 내용을 다시 분석하지는 못하였다. 〈그림 3-1〉에 제시되었듯이 2014년까지 연장된 세계투입산출표를 이용하여도 글로벌 생산네트워크 및 글로벌 가치사슬의 변화에는 큰 변화가 없다는 것을 확인하였다. 그럼에도 불구하고 최근의 상황을 모두 반영하지 못하는 것은 이 연구의 한계점으로 남아 있으며, 이를 일부 보완하기 위해 2014년까지 연장된 세계투입산출표를 이용하여 글로벌 가치사슬 참여가 비교우위에 미치는 영향을 분석하였다. 글로벌 가치사슬 참여는 부가가치 수출을 증진시키는 데 긍정적인 영향을 미치는데, 전방참여와 후방참여의 영향은 반대방향으로 작용하는 것으로 나타났다. 아울러 한중일 3국 및 아시아 국가만을 대상으로 분석한 결과에서도 동일하게 나타났다. 전방참여는 부가가치 수출을 증진시키는 데 비해 후방참여는 부가가치 수출에 부정적인 영향을 미치는 것으로 분석되었다. 이는 글로벌 가치사슬 참여가 조건 없이 부가가치 수출을 증진시키는 것이 아니라, 어떤 형태로 참여하는가에 따라 완전히 다른 결과를 초래한다는 것을 의미한다.

노동의 분배 몫의 감소는 전 세계적인 현상이다. 선행 연구는 그 원인으로 자본확장적 기술발전, 세계화 및 노동 협상력의 약화를 들고 있다. 세계화를 원인으로 지적하고 있는 선행 연구는 주로 관세 및 비관세장벽의 철폐와 같은 무역자유화와 오프쇼어링의 증가에 주목하고 있다. 이와는 달리 이 책에서는 글로벌 생산네트워크의 형성 또는 글로벌 가치사슬의 심화와 노동 분배 몫의 관계를 분석하였다. 글로벌 가치사슬의 심화를 글로벌 가치사슬에의 참여로 측정하였는데, 글로벌 가치사슬에의 참여가 높은 국가-산업일수록 노동 분배 몫이 낮은 것으로 분석되었다. 이러한 결과는 국가-시간 고정효과, 산업-시간 고정효과 및 국가-산업 고정효과 등 여러 다양한 고정효과를 포함하고, 또한 변수를 차분한 경우에도 동일하였다. 아울러 노동을 고숙련 노동, 중간숙련 노동 및 저숙련 노동으로 분리하여 글로벌 가치사슬의 형성과 심화가 이들 노동의 분배 몫에 미치는 영향을 분석하였는데, 글로벌 가치사슬의 심화가 특정 노동에 압도적인 영향을 미치지 않고 모든 형태의 노동에 거의 동일하게 부정적인 영향을 미치는 것으로 분석되었다.

아시아 국가만을 대상으로 글로벌 가치사슬에의 참여가 노동 분배 몫에 미치는 영향을 분석하였는데, 전 세계를 대상으로 분석한 결과와 동일하게 글로벌 가치사슬에의 참여가 높은 국가와 산업일수록 노동 분배 몫은 줄어드는 것으로 나타났다. 전 세계의 경우 계숫값이 0.005-0.009인 데 비해 아시아 국가의 경우 -0.013으로 다소 크게 나타났다는 것이 차이점이다. 이는 아시아 국가의 경우 글로벌 가치사슬에의 참여가 노동 분배 몫을 더 크게 감소시켰다는 것을 의미한다. 또한 노동의 숙련도에 따라 구분하여 분석한 결과, 아시아 국가의 경우 글로벌 가치사슬에의 참여가 고숙련 노동과 저숙련 노동의 분배 몫을 감소시킨 반면에 중간숙련 노동의 분배 몫에는 유의한 영향을 미쳤다는 증거를 발견할 수 없었다. 이는 아시아 국가에서의 노동 분배 몫의 변화가 전 세계와 구별되는 차이점이다. 이러한 차이가 나타나게 된 이유를 밝히는 것은 향후 과제로 남아 있다.

마지막으로 1990년대 들어 전 세계적으로 확산된 지역무역협정이 부가가치 수출에 미치는 영향을 분석하였다. 지금까지의 지역무역협정의 무역창출효과에 대한 연구는 국가 전체 차원의 총무역의 무역창출효과에 초점을 두고 있다. 그러나 글로벌 가치사슬이 심화됨에 따라 국가 간 총무역은 여러 외국에서 생산된 중간재를 포함하고 있기 때문에 총무역의 증가가 국내부가가치의 증가와 일치하지 않게 되었다. 따라서 총무역을 기준으로 분석한 선행 연구는 지역무역협정의 체결이 국내부가가치로 측정한 무역의 증가에 얼마만큼 기여하는가에 대한 적절한 답을 제시하지 못한다. 이러한 점을 고려하여 이 책에서는 부가가치 수출을 기준으로 지역무역협정의 무역창출효과를 분석하였다. 분석 결과를 보면, 지역무역협정은 회원국 간 부가가치 수출을 증진하는 것으로 나타났다. 이러한 결과는 임의효과모형, 국가조합 고정효과모형 및 수출국과 수입국 고정효과모형 등 다른 분석방법을 적용해도 일관되게 나타났으며, 또한 직접, 간접 부가가치 수출 등 부가가치 수출의 정의에도 민감하지 않은 것으로 나타났다.

2. 정책적 시사점

글로벌 생산네트워크 및 가치사슬이 심화됨에 따라 총수출에서 차지하는 국내부가가치 비중이 점차 하락하는 추세에 있으며, 특히 한국 제조업의 국내부가가치 수출 비중은 세계 평균보다 훨씬 낮은 수준으로 글로벌 가치사슬에 깊이 참여하고 있다. 그런데 글로벌 가치사슬의 등장으로 생산은 전 세계에 걸쳐 이루어지고 있음에도 불구하고 시행되고 있는 경제 정책은 이러한 생산방식과 무역환경의 변화를 반영하지 못하고 있다. 대표적인 예로 총수출 규모의 증진을 지향하는 한국의 수출지향정책을 들 수 있다. 오늘날 재화는 한 국가 내에서 생산되기보다는 다수의 국경을 넘나들면서 생산되기 때문에 해당 재화의 총수출 금액은 외국에서 창출된 부가가치를 포함하고 있다. 그러므로 단순히 총수출 규모를 늘리려는 정책이 아니라 국내부가가치 수출을 높이는 데 정책의 초점이 모아져야 한다.

글로벌 가치사슬에 참여하게 되면 재화와 서비스 생산의 전체 과정에서 일부만을 담당하기 때문에 생산 전체 과정이 국내에서 이루어질 때와 비교하여 국내부가가치가 줄어드는 측면이 있다. 그러나 동시에 글로벌 가치사슬 참여는 특화와 전문화를 촉진하고, 이는 국내부가가치를 증가시키는 요인으로 작용한다. 즉 글로벌 가치사슬 참여는 국내부가가치를 증감시키는 요인을 동시에 제공한다. 결국 글로벌 가치사슬 참여가 국내부가가치에 미치는 최종 효과는 이러한 두 개의 상반된 작용 중에서 어떤 요인이 더 지배적인가에 달려 있다. 그런데 이 책에서의 실증분석 결과는 글로벌 가치사슬에의 참여는 산업의 부가가치를 높이는 데 기여하는 것으로 나타났으며, 특히 후방참여와 전방참여가 부가가치 수출에 미치는 영향이 서로 다른데, 후방참여는 부가가치 수출에 부정적인 영향을 미치고 전방참여는 긍정적인 영향을 미치는 것으로 분석되었다. 이는 비교우위를 유지하고 강화하기 위해서는 글로벌 가치사슬에 후방참여보다는 전방참여를 위한 정책 방안과 노력이 필요하다는 것을 시사한다.

또한 글로벌 가치사슬 참여에는 추가적인 비용이 발생한다는 점에 주목할 필요가 있다. 재화와 서비스가 국경을 넘나드는 데 따르는 관세, 비관세장벽 및 운송비용뿐만 아니라 원거리에 있는 복잡한 생산 과정의 조정에 따르는 조정비용(coordination costs)이 발생한다. 글로벌 가치사슬 참여로 발생하는 조정비용의 존재로 인해 전통적으로 경제학에서 논의되고 있는 자체 생산 또는 시장의 이용(make or buy)에 대한 기업의 의사결정 문제는 국제적으로 확장된다. 시장의 이용이 불확실하거나 특히 공급자와 수요자 사이에 속박(hold-up)의 가능성이 있을 경우 거래비용이 증가하고 비효율성이 발생하듯이, 글로벌 가치사슬 참여에 따르는 조정비용이 높거나 속박의 문제가 존재할 경우 글로벌 가치사슬 참여를 통한 효율성 향상이라는 목적은 달성되기 어렵다. 즉 글로벌 가치사슬의 형성이 국가 간 분업구조를 형성함으로써 자원배분의 효율성에 기여하기 위해서는 생산 과정의 원활한 조정이 전제되어야 한다.

특히 속박의 문제가 존재할 때 과소투자(under-investment)에 따른 비효율성이 발생할 뿐만 아니라, 보다 완전한 계약서를 작성하기 위해 노력하거나, 재협상의 여지를 남기거나, 또는 계약 불이행에 따른 손실 보전을 위한 보호 장치를 마련하는 등 추가적인 거래 비용이 발생한다. 문헌에서는 이러한 문제를 해소하기 위해 제도(institution)의 역할을 강조하고 있다. Nunn(2007)과 Levchenko(2007)는 속박의 가능성이 높은 산업일수록 계약의 이행(contract enforcement)이 중요하고 이를 뒷받침할 수 있는 국가의 법 집행을 강조하고 있다. 또한 Tabellini(2008)는 제도의 대안으로서 신뢰와 관용 등 문화적 요인에, 그리고 박순찬·이종화(2017), Choi and Park(2018b)은 이들 요인을 모두 포함하는 사회적 자본(social capital)의 중요성에 주목하고 있다. 그러므로 글로벌 가치사슬 참여를 통해 효율성을 증진시키기 위해서는 원거리 생산 과정의 조정 과정에서 발생하는 조정비용을 줄이기 위한 제도의 질적 향상 그리고 신뢰, 네트워크 등 사회적 자본의 확충을 위한 노력이 뒷받침되어야 하며, 이것이 전제되지 않을 경우 글로벌 가치사슬에 참여할 유인이 줄어든다.

그런데 최근 일본의 한국에 대한 무역보복 조치가 시행되면서 한국과 일본의 분업구조와 글로벌 가치사슬에 대한 관심이 높아지고 있다. 한국 정부는 이를 계기로 부품 및 소재 조달의 일본 의존을 벗어나

국내대체를 위한 다양한 정책을 모색하고 있다. 한국 산업의 대표적인 구조는 해외에서 생산된 부품 및 소재를 이용하여 중간재를 생산하고 이를 중국을 비롯한 전 세계 시장에 공급하는 형태로서, 한국과 일본의 글로벌 가치사슬 참여 형태는 일본은 한국에 대해 전방참여 그리고 한국은 일본에 대해 후방참여의 형태를 띠고 있다. 글로벌 가치사슬에의 전방참여는 부가가치 수출을 증진하는 데 비해 후방참여는 부가가치 수출에 부정적인 영향을 미친다는 이 책의 연구 결과는 높은 부가가치를 창출할 수 있는 산업구조의 고도화를 위해서는 부품 및 소재의 대일 의존도를 줄여야 한다는 정책의 정당성을 뒷받침한다. 즉 후방참여는 해외에서 양질의 부품 및 소재를 사용할 수 있다는 측면에서는 생산의 효율성을 높이는 데 기여하지만, 지나치게 후방참여가 높을 경우 부가가치로 측정한 비교우위에는 부정적이다. 그러므로 후방참여 수준을 낮추고 전방참여도를 높이려는 다양한 정책 방안이 강구될 필요가 있다.

또한 일본이 정치적 요인에 의해 한국을 백색국가 명단에서 제외한 것은 거래 당사자 간의 거래에 불확실성을 높이게 됨으로써 장기적으로 일본과의 가치사슬 형성 자체를 꺼리게 되는 결과를 초래할 것으로 보인다. 즉 현재 일본이 취한 조치는 불확실성을 증폭시키고, 글로벌 가치사슬 참여에 따르는 조정비용을 과도하게 높이는 결과를 초래하기 때문에 한국 산업으로서는 향후 일본으로부터의 부품 및 소재 조달을 가능한 회피할 수밖에 없을 것이고 공급망을 다변화하거나 또는 자체 생산의 비중을 높임으로써 한국 산업의 글로벌 가치사슬 후방참여는 낮아질 것으로 기대된다. 후방참여가 부가가치 수출에 부정적인 영향을 미친다는 이 책의 분석 결과에 비추어 볼 때, 자체 조달을 위한 다양한 정책 방안은 장기적으로 한국 산업의 비교우위 증진에 기여할 것으로 판단된다.

글로벌 가치사슬에 상당히 깊이 참여하고 있는 우리나라의 또 다른 주요 과제는 글로벌 가치사슬에서 높은 부가가치를 창출할 수 있는 산업구조의 고도화이다. 이를 위한 정책으로 Sturgeon and Lester(2004)는 노동자 및 엔지니어의 교육, 시장의 불완전성과 불확실성을 제거하는 거시경제적 안정을 위한 정책을 강조하고 있다. 또한 Kuroiwa(2009)는 집적효과(agglomeration effects)를 위한 클러스터의 형성을 제시하는데, 투입-산출의 관계를 형성하고 있는 상방 및 하방 기업 간 집적효과가 발생할 수 있는 생산 클러스터와 기술 수준의 향상을 꾀할 수 있는 기술 혁신 클러스터를 강조하고 있다. 생산 클러스터의 형성을 위해서는 국내 생산자와 해외 생산자의 매칭을 위한 정보 공유와 더불어 세제 혜택 부여와 같은 정부의 재정적 지원이 중요하다. 한편 기술 혁신 클러스터는 R&D의 효율성을 제고하고(Martin and Ottaviano, 1999), 연계된 지역에서 해당 활동이 더 오래 지속될 수 있다는 점에서 지역 발전을 위한 방안이 될 수 있다.

참고문헌

박순찬·박찬일(2017), 「동북아 3국의 부가가치 수출과 비교우위」, 『동북아경제연구』, 29권, pp. 1-26.

박순찬·이종화(2017), 「사회적 자본과 비교우위」, 『국제경제연구』, 23, pp. 35-52.

박순찬·박창귀·배준성(2018), 「글로벌 가치사슬 참여와 비교우위」, 『국제통상연구』, 24권, pp. 77-102.

정성훈(2014), 『글로벌 가치사슬의 관점에서 본 한국의 산업 및 무역정책』, 정책연구 시리즈 2014-15, 한국개발연구원.

정철·박순찬·박인원·임경수(2013), 『아·태 역내 생산네트워크와 APEC 경제협력: 중간재 교역을 중심으로』, 정책연구 보고서 13-12, 대외경제정책연구원.

최낙균·이홍식(2010), 『국제무역의 비교우위 패턴분석과 정책 시사점』, 연구 보고서 10-1, 대외경제정책연구원.

최낙균·한진희(2013), 『무역이 고용 및 부가가치에 미치는 영향분석과 정책 시사점』, 정책연구 보고서 12-17, 대외경제정책연구원.

최낙균·김영귀(2014), 『동아시아의 가치사슬구조와 역내국간 FTA의 경제적 효과 분석』, 정책연구 보고서 13-1, 대외경제정책연구원.

최낙균·박순찬(2015), 『글로벌 가치사슬에서 수출부가가치의 결정요인 분석과 정책 시사점』, 정책연구 보고서 15-5, 대외경제정책연구원.

Abraham, F., J. Konings and S. Vanormelingen(2009), "The Effect of Globalization on Union Bargaining and Price-Cost Margins of Firms", *Review of World Economics*, Vol. 145, No. 1, pp. 13-63.

Acemoglu, D.(2002), "Directed Technical Change", *Review of Economic Studies*, Vol. 69, pp. 781-810.

Acemoglu, D.(2003), "Labor- and Capital-Augmenting Technical Change", *Journal of the European Economic Association*, Vol. 1, No. 1, pp. 1-37.

Acemoglu, D.(2011), "When Does Labor Scarcity Encourage Innovation?", *Journal of Political Economy*, Vol. 118, No. 6, pp. 1037-1078.

Anderson, J. E. and E. V. Wincoop(2003), "Gravity with Gravitas: A Solution to the

Border Puzzle", *American Economic Review*, 93, pp. 170-192.

Arpaia, A., E. Prez and K. Pichelmann(2009), "Understanding Labour Income Share Dynamics in Europe", *European Economy Economic Papers*, No. 379, European Commission, Brussel, May.

Arthur, W. B.(2011), "The Second Economy", *McKinsey Quarterly*, October.

Athukorala, Prema-chandra(2005), "Product Fragmentation and Trade Patterns in East Asia", *Asian Economic Papers*, 4, pp. 1-27.

Athukorala, Prema-chandra(2011), "Production Networks and Trade Patterns in East Asia: Regionalization or Globalization?", *Asian Economic Papers*, 10, pp. 65-95.

Baier, S. L. and J. H. Bergstrand(2007), "Do Free Trade Agreements Actually Increase Members International Trade?", *Journal of International Economics*, 71, pp. 72-95.

Balassa, B.(1965), "Trade Liberalization and 'Revealed' Comparative Advantage", *Manchester School of Economic and Social Studies*, 33, pp. 99-123.

Baldwin, R.(1993), "A Domino Theory of Regionalism", CEPR Discussion Paper, 857, NBER Working Paper, 4465.

Baldwin, R.(2006), "The Euro's Trade Effects", ECB WP, 594.

Baldwin, R.(2012), "Trade and Industrialisation after Globalisation's Second Unbundling: How Building and Joining a Supply Chain are Different and Why It Matters", in *Globalization in an Age of Crisis: Multilateral Economic Cooperation in the Twenty-First Century*, R. Feenstra and A. Taylor (eds.), University of Chicago Press.

Baldwin, R. and D. Taglioni(2006), "Gravity for Dummies and Dummies for Gravity Equations", NBER Working Papers, 12516.

Baldwin, R. and D. Taglioni(2011), "Gravity Chains: Estimating Bilateral Trade Flows When Parts and Components Trade Is Important", NBER Working Paper, 16672.

Baltagi, B., P. Egger and M. Pfaffermayr(2003), "A Generalized Design for Bilateral Trade Flow Models", *Economic Letters*, 80, pp. 391-397.

Bassanini, A. and T. Manfredi(2012), "Capital's Grabbing Hand? A Cross-country/Cross-industry Analysis of the Decline of the Labour Share", *OECD Social, Employment and Migration Working Paper*, OECD Publishing.

Bems, R., R. C. Johnson and K. M. Yi(2011), "Vertical Linkages and the Collapse of Global Trade", *American Economic Review*, Papers & Proceedings, 101, pp. 308-312.

Bentolila, S. and G. Saint-Paul(2003), "Explaining Movements in the Labor Share", *Contributions to Macroeconomics*, Vol. 3, No. 1, pp. 1-33.

Bloom, N., M. Draca and J. van Reenen(2011), "Trade Induced Technical Change? The Impact of Chinese Imports on Innovation and Information Technology", CEP

Discussion Paper, No. 1000.

Bombardini, M., C. Kurz and P. Morrow(2012), "Ricardian Trade and the Impact of Domestic Competition on Export Performance", *Canadian Journal of Economics*, 45, pp. 585-612.

Boulhol, H., S. Dobbelaere and S. Maioli(2011), "Import as Product and Labour Market Discipline", *British Journal of Industrial Relations*, Vol. 49, No. 2, pp. 331-361.

Brasili, A., P. Epifani and R. Helg(1999), "On the Dynamics of Trade Patterns", Liuc Papers, No. 6, *Seri Economia e Impresa,* 18, Febbraio-marzo.

Brynjolfsson, E. and A. McAfee(2011), *Race against the Machine*, Digital Frontier Press.

Bureau of Economic Analysis(2011), *National Income and Product Accounts Tables*, Last Revised on 8 August 2011, Washington, DC.

Burstein, A. and J. Vogel(2010), "Globalization, Technology, and the Skill Premium: A Quantitative Analysis", NBER Working Paper, 16459.

Choi, N. and S. Park(2018a), "Ricardian Comparative Advantage and Value Added in Exports", *Korea and the World Economy*, 19, pp. 23-50.

Choi, N. and S. Park(2018b), "Sources of Comparative Advantage in Services: Institution vs. Social Capital", KIEP Working Paper, No.18-06, KIEP.

Costinot, A., D. Donaldson and I. Komunjer(2012), "What Goods Do Countries Trade? A Quantitative Exploration of Ricardo's Ideas", *Review of Economic Studies*, 79, pp. 581-608.

Dalum, B., K. Laursen and G. Villumsen(1996), "The Long Term Development of OECD Export Specialisation Patterns: De-specialisation and Stickiness", DRUID Working Papers, 96-14, DRUID, Copenhagen Business School, Department of Industrial Economics and Strategy/Aalborg University, Department of Business Studies.

Daudin, G., C. Rifflart and D. Schweisguth(2011), "Who Produces for Whom in the World Economy?", *Canadian Journal of Economics*, 44, pp. 1409-1538.

Driver, C. and J. Muñoz-Bugarín(2010), "Capital Investment and Unemployment in Europe: Neutrality or Not?", *Journal of Macroeconomics*, Vol. 32, pp. 492-496.

Dumont, M., G. Rayp and P. Willemé(2005), "Does Internationalization Affect Union Bargaining Power? An Empirical Study for Five EU Countries", *Oxford Economic Papers*, Vol. 58, pp. 77-102.

Eaton, J. and S. Kortum(2002), "Technology, Geography, and Trade", *Econometrica*, 70, pp. 1741-1779.

Greenwood, J. and B. J. Jovanovic(1999), "Accounting for Growth", in C. Hulten (ed.),

Studies in Income and Wealth: New Directions in Productivity Analysis, University of Chicago Press for NBER, Chicago.

Griffith, R., S. Redding and J. van Reenen(2004), "Mapping the Two Faces of R&D: Productivity Growth in a Panel of OECD Industries", *Review of Economics and Statistics*, 86, pp. 883-895.

Grossman, G. and E. Rossi-Hansberg(2007), "The Rise of Offshoring: It's Not Wine for Cloth Anymore", in *The New Economic Geography: Effects and Policy Implications*, Federal Reserve Bank of Kansas City, pp. 59-102.

Grossman, G. and E. Rossi-Hansberg(2008), "Trading Tasks: A Simple Theory of Offshoring", *American Economic Review*, 98, pp. 1978-1997.

Haltmeier, J.(2015), "Have Global Value Chains Contributed to Global Imbalances?", International Finance Discussion Papers, 1154, Board of Governors of the Federal Reserve System.

Harrison, A.(2002), "Has Globalization Eroded Labor's Share? Some Cross-Country Evidence", Paper presented at the Joint Conference of the IDB and the World Bank: The FDI Race: Who Gets the Prize? Is it Worth the Effort?, October.

Hijzen, A. and P. Swaim(2010), "Offshoring, Labour Market Institutions and the Elasticity of Labour Demand", *European Economic Review*, Vol. 54, No. 8, pp. 1016-1034.

Hiratsuka, D.(2011), "Production Networks in Asia: A Case Study from the Hard Disk Drive Industry", ADBI Working Paper, No. 301.

Hummels, David, Jun Ishii, Kei-Mu Yi(2001), "The Nature and Growth of Vertical Specialization in World Trade", *Journal of International Economics*, 54, pp. 75-96.

Hutchinson, J. and D. Persyn(2012), "Globalisation, Concentration and Footloose Firms: In Search of the Main Cause of the Declining Labour Share", *Review of World Economics*, Vol. 148, No. 1, pp. 17-43.

IMF(2007), *World Economic Outlook*, IMF, Washington, DC.

Inklaar, R. and M. P. Timmer(2008), "GGDC Productivity Level Database: International Comparisons of Output, Inputs and Productivity at the Industry Level", *GGDC Research Memorandum*, 104.

Jaumotte, F. and I. Tytell(2007), "How Has The Globalization of Labor Affected the Labor Income Share in Advanced Countries?", IMF Working Paper, No. 07/298.

Johnson, R. C. and G. Noguera(2012a), "Accounting for Intermediates: Production Sharing and Trade in Value Added", *Journal of International Economics*, 82, pp. 224-236.

Johnson, R. C. and Guillermo Noguera(2012b), "Fragmentation and Trade in Value Added over Four Decades", NBER Working Paper, 18186.

Johnson, R. C. and Guillermo Noguera(2012c), "Proximity and Production Fragmentation", *American Economic Review*, 102, pp. 407-411.

Karabarbounis, L. and B. Neiman(2014), "The Global Decline of the Labor Share", *Quarterly Journal of Economics*, 129, pp. 61-103.

Kerr, W. R.(2013), "Heterogeneous Technology Diffusion and Ricardian Trade Patterns", Harvard Business School Working Paper, No. 14-039.

Koopman, R., Z. Wang and Shang-Jin Wei(2010), "Give Credit Where Credit is Due: Tracing Value Added in Global Production Chains", Working Paper, USITC.

Koopman, R., Z. Wang and Shang-Jin Wei(2014), "Tracing Value-Added and Double Counting in Gross Exports", *American Economic Review*, 104(2), pp. 459-494.

Kuroiwa, I. (ed.) (2009), *Plugging into Production Networks! Industrialization Strategies in Less Developed Southeast Asian Countries*, Institute of Southeast Asian Studies.

Levchenko, A. A.(2007), "Institutional Quality and International Trade", *Review of Economic Studies*, 74, pp. 791-819.

Levchenko, A. A. and J. Zhang(2016), "The Evolution of Comparative Advantage: Measurement and Welfare Implications", *Journal of Monetary Economics*, 78, pp. 96-111.

MacDougall, G.(1951), "British and American Exports: A Study Suggested by the Theory of Comparative Costs. Part I", *The Economic Journal*, 61, pp. 697-724.

Martin, P. and G. Ottaviano(1999), "Growing Locations: Industry Location in a Model of Endogenous Growth", *European Economic Review*, 43, pp. 281-302.

Matyas, L.(1997), "Proper Econometric Specification of the Gravity Model", *The World Economy*, 20, pp. 363-369.

McCallum, J.(1995), "National Borders Matter: Canada-U.S. Regional Trade Patterns", *American Economic Review*, 85, pp. 615-623.

Mélitz, J.(2007), "North-South and Distance in the Gravity Model", *European Economic Review*, Vol. 51, pp. 971-991.

Morrow, P.(2010), "Ricardian-Heckscher-Ohlin Comparative Advantage: Theory and Evidence", *Journal of International Economics*, 82, pp. 137-151.

Noguera, G.(2012), "Trade Costs and Gravity for Gross and Value Added Trade", University of Warwick, mimeo.

Nunn, N.(2007), "Relationship-specificity, Incomplete Contracts, and the Pattern of Trade", *Quarterly Journal of Economics*, 122, pp. 569-600.

Obashi, A. and F. Kimura(2017), "Deepening and Widening of Production Networks in ASEAN", *Asian Economic Papers*, 16, pp. 11-27.

Obstfeld, M. and K. Rogoff(2000), "The Six Major Puzzles in International Macroeconomics: Is There a Common Cause?", *NBER/Macroeconomics Annual*, 15, pp. 339-390.

OECD(2007), *Offshoring and Employment: Trends and Policy Implications*.

OECD, Tiva database(https://oecd.org/sti/ind/measuring-trade-in-value-added.htm).

Raurich, X., H. Sala and V. Sorolla(2012), "Factor Shares, the Price Markup and the Elasticity of Substitution between Capital and Labor", *Journal of Macroeconomics*.

Rose, A. K. and E. van Wincoop(2001), "National Money as a Barrier to International Trade: The Real Case for Currency Union", *American Economic Review*, 91, pp. 386-390.

Staiger, D. and J. H. Stock(1997), "Instrumental Variables Regression with Weak Instruments", *Econometrica*, 65, pp. 557-586.

Stern, R. M.(1962), "British and American Productivity and Comparative Costs in International Trade", *Oxford Economic Papers*, 14, pp. 275-296.

Sturgeon, T. and R. Lester(2004), "Upgrading East Asian Industries: New Challenges for Local Suppliers", Report Prepared for the World Bank Project on East Asian Economic Future, MIT.

Subramanian, A. and S. Wei(2003), "The WTO Promotes Trade, Strongly but Unevenly", NBER Working Paper, 10024.

Tabellini, G.(2008), "Institutions and Culture", *Journal of the European Economic Association*, Vol. 6, pp. 255-294.

Wang, Z., W. Powers and Shang-Jin Wei(2009),"Value Chains in East Asian Production Networks: An International Input-Output Model Based Analysis", U.S. International Trade Commission Working Paper, No. 2009-10-C.

Wang Z., S. Wei, X. Yu and K. Zhu(2017), "Measures of Participation in Global Value Chain and Global Business Cycles", NBER Working Paper, 23222.

Wooldridge, Jeffrey M.(2002), *Econometric Analysis of Cross-Section and Panel Data*, MIT Press.

Wright, G.(2010), "Revisiting the Employment Impact of Offshoring", mimeo.

Zeira, J.(1998), "Workers, Machines and Economic Growth", *Quarterly Journal of Economics*, 113, pp. 1091-1113.

찾아보기

부록

〈부표 1〉 미국의 글로벌 가치사슬 참여도 지수

	전방참여도 지수				후방참여도 지수			
	1995	2000	2005	2011	1995	2000	2005	2011
일본	0.80	0.83	0.91	0.74	1.28	1.65	1.67	1.59
한국	0.77	0.99	1.09	1.16	3.95	4.92	3.96	3.55
중국	0.68	1.16	2.52	3.09	3.68	4.37	3.81	3.00
홍콩	0.18	0.13	0.12	0.15	2.62	2.41	1.99	2.33
인도네시아	0.10	0.13	0.10	0.08	1.34	2.00	1.24	0.71
말레이시아	0.32	0.95	0.85	0.59	3.73	8.48	6.31	4.24
필리핀	0.19	0.16	0.28	0.09	5.68	5.37	8.20	2.35
싱가포르	0.88	0.88	0.66	0.74	7.83	9.02	6.12	5.12
대만	0.81	0.87	0.75	0.68	5.07	5.48	4.15	3.84
태국	0.26	0.27	0.30	0.35	3.00	3.87	3.08	2.68
베트남	0.01	0.03	0.04	0.11	1.06	1.81	1.33	2.12

〈부표 2〉 홍콩의 글로벌 가치사슬 참여도 지수

	전방참여도 지수				후방참여도 지수			
	1995	2000	2005	2011	1995	2000	2005	2011
일본	0.64	0.66	0.93	0.61	0.07	0.07	0.10	0.09
한국	0.50	0.91	1.07	1.22	0.17	0.24	0.24	0.25
미국	1.08	1.45	1.05	0.98	0.07	0.08	0.06	0.06
중국	4.02	5.78	7.44	7.94	1.45	1.15	0.68	0.51
인도네시아	0.12	0.25	0.23	0.15	0.11	0.21	0.17	0.09

	전방참여도 지수				후방참여도 지수			
	1995	2000	2005	2011	1995	2000	2005	2011
말레이시아	0.83	1.48	1.31	0.91	0.64	0.69	0.59	0.43
필리핀	0.26	0.32	0.16	0.10	0.53	0.56	0.29	0.18
싱가포르	1.31	1.71	1.66	1.60	0.79	0.92	0.93	0.73
대만	1.12	1.38	1.77	1.08	0.47	0.46	0.60	0.40
태국	0.40	0.60	0.65	0.65	0.31	0.45	0.40	0.32
베트남	0.04	0.14	0.24	0.18	0.31	0.45	0.50	0.23

〈부표 3〉 인도네시아의 글로벌 가치사슬 참여도 지수

	전방참여도 지수				후방참여도 지수			
	1995	2000	2005	2011	1995	2000	2005	2011
일본	1.88	1.95	2.59	2.59	0.23	0.25	0.38	0.65
한국	1.77	2.93	2.87	4.30	0.68	0.94	0.83	1.54
미국	1.30	1.50	1.09	1.03	0.10	0.10	0.09	0.12
중국	1.36	2.62	4.21	5.75	0.55	0.63	0.51	0.65
홍콩	0.21	0.10	0.27	0.21	0.23	0.12	0.35	0.37
말레이시아	0.82	1.86	2.54	2.81	0.71	1.06	1.51	2.37
필리핀	0.27	0.37	0.27	0.35	0.61	0.77	0.63	1.09
싱가포르	1.83	2.71	1.23	2.09	1.22	1.77	0.90	1.69
대만	1.40	1.49	1.90	2.20	0.66	0.60	0.84	1.46
태국	0.41	0.62	1.16	1.54	0.35	0.56	0.96	1.37
베트남	0.06	0.16	0.31	0.50	0.53	0.62	0.83	1.16

〈부표 4〉 말레이시아의 글로벌 가치사슬 참여도 지수

	전방참여도 지수				후방참여도 지수			
	1995	2000	2005	2011	1995	2000	2005	2011
일본	0.92	0.97	0.92	1.18	0.13	0.22	0.23	0.35
한국	0.82	1.26	1.25	1.45	0.36	0.71	0.61	0.62

	전방참여도 지수				후방참여도 지수			
	1995	2000	2005	2011	1995	2000	2005	2011
미국	2.01	1.87	1.04	0.72	0.17	0.21	0.14	0.10
중국	0.89	1.61	3.83	5.90	0.41	0.68	0.78	0.79
홍콩	0.20	0.10	0.06	0.09	0.25	0.20	0.13	0.18
인도네시아	0.24	0.37	0.37	0.51	0.27	0.65	0.62	0.61
필리핀	0.20	0.25	0.24	0.17	0.53	0.90	0.95	0.63
싱가포르	3.44	2.36	1.10	1.35	2.66	2.71	1.36	1.30
대만	1.05	1.23	0.93	1.22	0.57	0.87	0.69	0.96
태국	0.81	0.72	1.18	1.29	0.80	1.15	1.63	1.36
베트남	0.06	0.09	0.23	0.45	0.56	0.65	1.03	1.23

〈부표 5〉 필리핀의 글로벌 가치사슬 참여도 지수

	전방참여도 지수				후방참여도 지수			
	1995	2000	2005	2011	1995	2000	2005	2011
일본	0.90	1.37	1.39	1.53	0.05	0.08	0.09	0.12
한국	0.82	1.33	1.50	2.12	0.14	0.20	0.19	0.24
미국	2.64	2.90	1.21	1.11	0.09	0.09	0.04	0.04
중국	0.54	1.50	7.23	8.87	0.10	0.17	0.37	0.32
홍콩	0.41	0.10	0.06	0.18	0.20	0.06	0.03	0.10
인도네시아	0.11	0.10	0.21	0.24	0.05	0.05	0.09	0.08
말레이시아	0.44	2.40	2.49	1.37	0.17	0.66	0.64	0.37
싱가포르	1.17	1.21	0.81	1.43	0.35	0.38	0.26	0.37
대만	0.95	2.37	1.44	1.81	0.20	0.46	0.27	0.39
태국	0.47	0.72	0.89	1.42	0.18	0.31	0.32	0.41
베트남	0.04	0.05	0.08	0.43	0.14	0.10	0.10	0.32

〈부표 6〉 싱가포르의 글로벌 가치사슬 참여도 지수

	전방참여도 지수				후방참여도 지수			
	1995	2000	2005	2011	1995	2000	2005	2011
일본	0.61	0.68	0.71	0.57	0.11	0.13	0.14	0.18
한국	0.51	0.99	1.20	1.22	0.29	0.48	0.47	0.54
미국	2.11	1.88	1.00	0.89	0.24	0.18	0.11	0.13
중국	0.73	1.47	3.98	4.24	0.44	0.54	0.65	0.59
홍콩	0.34	0.26	0.33	0.42	0.57	0.49	0.59	0.92
인도네시아	0.31	0.64	0.66	0.40	0.47	0.97	0.90	0.50
말레이시아	1.30	3.84	2.98	2.40	1.68	3.35	2.41	2.50
필리핀	0.28	0.35	0.40	0.23	0.93	1.11	1.27	0.87
대만	0.78	1.23	1.00	0.99	0.55	0.76	0.60	0.81
태국	0.68	0.88	0.92	1.01	0.88	1.22	1.03	1.11
베트남	0.11	0.29	0.32	0.29	1.32	1.73	1.16	0.84

〈부표 7〉 대만의 글로벌 가치사슬 참여도 지수

	전방참여도 지수				후방참여도 지수			
	1995	2000	2005	2011	1995	2000	2005	2011
일본	0.78	1.20	1.24	0.89	0.20	0.38	0.41	0.33
한국	0.57	1.08	1.43	1.55	0.46	0.85	0.94	0.84
미국	2.60	3.01	1.62	1.25	0.42	0.48	0.29	0.22
중국	3.38	5.00	12.18	11.25	2.90	2.98	3.32	1.92
홍콩	0.58	0.31	0.24	0.27	1.37	0.93	0.70	0.72
인도네시아	0.22	0.21	0.16	0.15	0.47	0.52	0.37	0.23
말레이시아	0.70	1.65	1.66	1.17	1.29	2.33	2.23	1.48
필리핀	0.30	0.39	0.45	0.19	1.46	2.02	2.38	0.91
싱가포르	0.85	0.84	0.53	0.82	1.22	1.35	0.88	1.00
태국	0.56	0.52	0.63	0.74	1.02	1.16	1.17	0.99
베트남	0.13	0.28	0.42	0.44	2.37	2.76	2.53	1.55

〈부표 8〉 태국의 글로벌 가치사슬 참여도 지수

	전방참여도 지수				후방참여도 지수			
	1995	2000	2005	2011	1995	2000	2005	2011
일본	0.79	0.83	1.08	0.83	0.11	0.12	0.19	0.23
한국	0.36	0.60	0.70	0.76	0.16	0.21	0.25	0.31
미국	1.52	1.47	0.93	0.69	0.13	0.10	0.09	0.09
중국	0.84	1.79	3.50	4.20	0.40	0.48	0.51	0.53
홍콩	0.29	0.19	0.19	0.11	0.37	0.25	0.30	0.22
인도네시아	0.15	0.33	0.39	0.33	0.17	0.36	0.48	0.38
말레이시아	0.81	1.76	1.96	1.44	0.82	1.11	1.42	1.36
필리핀	0.20	0.26	0.17	0.16	0.54	0.60	0.48	0.55
싱가포르	1.44	1.24	0.68	0.74	1.13	0.90	0.61	0.68
대만	0.69	0.84	0.68	0.57	0.38	0.38	0.36	0.43
베트남	0.11	0.22	0.61	0.58	1.02	0.95	1.99	1.51

〈부표 9〉 베트남의 글로벌 가치사슬 참여도 지수

	전방참여도 지수				후방참여도 지수			
	1995	2000	2005	2011	1995	2000	2005	2011
일본	1.41	0.85	0.99	0.97	0.02	0.03	0.05	0.10
한국	0.67	0.85	0.64	1.62	0.03	0.07	0.07	0.25
미국	0.38	0.60	0.81	0.81	0.00	0.01	0.02	0.04
중국	0.86	2.15	3.29	3.41	0.04	0.13	0.15	0.17
홍콩	0.16	0.09	0.04	0.06	0.02	0.03	0.02	0.05
인도네시아	0.20	0.56	0.55	0.23	0.02	0.14	0.21	0.10
말레이시아	0.69	1.65	2.07	1.60	0.07	0.24	0.46	0.58
필리핀	0.55	0.19	0.28	0.11	0.15	0.10	0.25	0.15
싱가포르	1.93	1.78	1.66	0.46	0.16	0.30	0.46	0.16
대만	0.73	0.74	0.55	0.51	0.04	0.08	0.09	0.15
태국	1.01	1.05	0.88	0.82	0.10	0.24	0.27	0.31

〈부표 10〉 산업 및 국가 분류 I

국가(40개국)	산업(14개)
호주, 오스트리아, 벨기에, 브라질, 불가리아, 캐나다, 중국, 사이프러스, 체코, 덴마크, 에스토니아, 핀란드, 프랑스, 독일, 그리스, 헝가리, 인도, 인도네시아, 아일랜드, 이탈리아, 일본, 한국, 라트비아, 리투아니아, 룩셈부르크, 몰타, 멕시코, 네덜란드, 폴란드, 포르투갈, 루마니아, 러시아, 슬로바키아, 슬로베니아, 스페인, 스웨덴, 대만, 터키, 영국, 미국	음식료품, 섬유, 가죽 및 신발 제품, 목재와 그 제품, 펄프·종이 제품, 코르크·석유 및 정유, 화학제품, 고무 및 플라스틱, 기타 비금속 광물, 금속 제품, 기계, 전기전자, 운송장비, 기타 제조업

〈부표 11〉 산업 및 국가 분류 II

국가(43개국)	산업(18개)
호주, 오스트리아, 벨기에, 브라질, 불가리아, 캐나다, 중국, 사이프러스, 체코, 덴마크, 에스토니아, 프랑스, 독일, 그리스, 헝가리, 인도, 인도네시아, 아일랜드, 이탈리아, 일본, 한국, 라트비아, 리투아니아, 룩셈부르크, 몰타, 멕시코, 네덜란드, 폴란드, 포르투갈, 루마니아, 러시아, 슬로바키아, 슬로베니아, 스페인, 스웨덴, 대만, 터키, 영국, 미국, 크로아티아, 스위스, 노르웨이, 핀란드	음식료품·담배, 섬유·의복·가죽제품, 목재·목제품, 종이·종이제품, 인쇄업, 코르크·정유제품, 화학·화학제품, 기초의약품, 고무·플라스틱, 비금속광물제품, 1차 금속, 금속가공제품(가계·가구 제외), 컴퓨터·전자·광학제품, 전자장비, 기계·기타장비, 자동차·트레일러, 기타운송장비, 가구·기타제조업

발간사

아시아의 시대가 열렸고, 동시에 아시아연구의 전성시대가 도래했습니다. 서울대학교 아시아연구소는 2009년 9월 출범한 이래 '지역과 주제를 결합한 아시아 연구의 글로벌 허브'를 목표로 아시아 연구 기반 구축 및 기초연구 활성화를 위해 노력해 왔습니다. 아시아연구소는 지난 10년의 활동을 겸허히 돌아보며 '아시아의 미래, 교류와 협력, 그리고 지역 정보 공유'를 키워드로 '아시아와 세계를 잇고, 새로운 미래를 빚는 세계적 아시아 연구 플랫폼'이 되고자 합니다.

물론 아시아의 시대가 온다고 해서 아시아 사람들이 잘살고 평화롭게 협력하는 공동체가 이루어진다는 것은 아닙니다. 아시아 지역 혹은 국가 사람들이 어떤 공동체를 만들어 가고 싶은가, 아시아 공동체가 인류에게 어떤 도움이 되는 것인가를 꾸준히 질문하고 이에 대한 답을 찾아야 합니다. 서구 식민지 경험 이후 아시아 각국은 지속적인 내부 갈등과 적대, 민족주의와 인종차별, 혐오가 심해지고 있는 상황입니다. 아시아를 중심으로 교역, 이동, 그리고 협력이 꾸준히 증가하고 있음에도 불구하고 갈등 요인은 오히려 확대되고 있습니다. 이런 견지에서 서울대학교 아시아연구소는 아시아를 둘러싼 다양한 이슈와 도전 과제에 대한 이론적 연구는 물론 실천 및 정책적 대안을 제시하여 아시아 공동체를 형성하는 데 기여하고자 합니다.

서울대학교 아시아연구소는 이미 시작된 4차 산업혁명에 부응하는 지식의 생산과 공유, 그리고 후속세대 양성에도 책임을 다하고자 합니다. 이를 위해 이론적으로는 학문 간 융합, 교류, 미래 창발적 지식 창출에 힘을 다하며, 실천적으로는 아시아의 교류와 상호작용에 주목하고, 정책적으로는 아시아 지역 정보의 수집과 공유를 통해 적합한 정책 대안을 발굴하는 데 초점을 맞추고자 합니다.

이러한 연구 및 학술 활동 과정의 결실이 서울대학교 아시아연구소총서입니다. 지난 10년의 연구 축적을 토대로 서울대학교 아시아연구소는 국내외 연구자 간 연구 협력을 적극적으로 지원하여, 여기서 양산된 우수한 연구 성과 및 결과물을 지속적으로 발간해 나갈 것입니다. 아시아연구소총서가 아시아의 새로운 미래와 아시아 공동체를 이루어 가는 데 중요한 밑거름이 되기를 기대합니다.

서울대학교 아시아연구소